Schöne Usambaraveilchen

22.-

Anne und Walter Erhardt

Schöne Usambaraveilchen

und andere Gesnerien

68 Farbfotos
32 Zeichnungen

VERLAG
EUGEN
ULMER

Foto Seite 2:
Kohleria digitaliflora, ein Beispiel für die Vielfalt faszinierender Blütenformen und -farben der Gesneriengewächse, Beschreibung ab Seite 67.

Umschlagfoto: *Saintpaulia*-Hybride 'Little Arthur', ein weiter Weg von den Klippen des Mkulumuzi-Flusses, Beschreibung ab Seite 13.
Foto: Walter Erhardt

Die Deutsche Bibliothek — CIP-Einheitsaufnahme
Schöne Usambaraveilchen und andere Gesnerien / Anne und Walter Erhardt. — Stuttgart : Ulmer, 1993
   ISBN 3-8001-6516-3
NE: Erhardt, Anne; Erhardt, Walter

© 1993 Eugen Ulmer GmbH & Co.
Wollgrasweg 41, 70599 Stuttgart (Hohenheim)
Printed in Germany
Lektorat: Sabine Reh, Gerhard Bley
Herstellung: Jürgen Sprenzel
Einbandgestaltung: Alfred Krugmann, Freiburg am Neckar
Zeichnungen: Paul Hopf
Satz: Typobauer Filmsatz GmbH, Ostfildern 3
Druck und Bindung: Passivia Druckerei GmbH, Passau

4

Vorwort

In unserem Regal stehen Bücher über Usambaraveilchen aus vier Jahrzehnten, das älteste erschien 1948, das jüngste 1988. Allen gemeinsam ist, daß sie in englischer Sprache geschrieben sind. Um so erfreulicher ist es, daß wir die Gelegenheit haben, genau zum hundertsten Geburtstag dieser Pflanze das erste deutsche Buch über diese Gattung schreiben zu können.

Saintpaulien gehören zu den am häufigsten gekauften und leider auch am meisten weggeworfenen Topfpflanzen. Dabei ist ihre Kultur relativ einfach, wenn man hierbei die Grundregeln beachtet, die dieses Büchlein aufzeigen will. Zugleich soll es einen Überblick über den Stand der Züchtung vermitteln und so einen Anreiz schaffen, sich intensiver mit dieser überaus reizvollen Pflanzengattung zu beschäftigen. Denn wer erst einmal erlebt hat, wie ein einziges Blatt, das einem über Tausende von Kilometern per Luftpost zugeschickt wurde, eine ganze Reihe von kleinen Pflänzchen hervorbringt, der wird von einer Faszination ergriffen werden, die einen so schnell nicht wieder losläßt.

Ebenso verhält es sich mit den anderen Gesneriengewächsen, die in diesem Buch behandelt werden. Es soll zeigen, wie unproblematisch Aufzucht und Kultur dieser Pflanzen sind. Die größte Schwierigkeit ist eigentlich, sie überhaupt im Handel zu bekommen. Doch auch hier wollen wir Sie gerne an unseren langjährigen Erfahrungen teilhaben lassen. Unser Dank gilt deshalb all unseren Freunden in der Bundesrepublik Deutschland und in England, die uns behilflich waren, unsere Pflanzensammlung aufzubauen.

Für die gute Zusammenarbeit mit dem Zeichner sowie dem Verlag Eugen Ulmer bedanken wir uns an dieser Stelle ganz herzlich.

Anne und Walter Erhardt
Langenstadt, Herbst 1992

Inhaltsverzeichnis

Einzelblüte einer
Saintpaulia-
Hybride.

Linke Seite:
Blüten bildet *Episcia punctata* gerne
im Schatten, Beschreibung ab
Seite 59.

8

Die Gesneriengewächse

Familienbande

Konrad Gesner, der 1516 in Zürich geboren wurde und nach dem die Familie der Gesneriaceae benannt ist, hat vermutlich nie in seinem Leben ein Gesneriengewächs gesehen. Der Theologe und Mediziner, der vor allem die Grundlagen der modernen Zoologie schuf, schrieb auch ein Buch über die Geschichte der Pflanzen und ihre Verwendung in der Medizin. Allerdings starb der Autor im Jahre 1565, während die erste Gesneriaceae 1587 gefunden wurde. In der »Historia Generalis Plantarum« wird *Ramonda myconi* beschrieben, was beim Zimmerpflanzengärtner vielleicht Verwunderung auslöst, denn diese Pflanze wächst in den Pyrenäen und ist winterhart.

Doch zeigt dieses Beispiel, daß die Familie der Gesnerien viel weiter verbreitet ist und viel mehr Gattungen umfaßt, als manche wissen. Bis heute sind 125 davon bekannt mit mehr als 2000 Species. Von diesen sind allerdings höchstens 300 in Kultur, während sich dieses Buch wiederum ausschließlich mit den »pflegeleichten« Arten beschäftigt, was die Anzahl noch einmal eingrenzt. So gehören unter anderem zu den Gesneriaceae: *Aeschynanthus, Alloplectus, Alsobia, Briggsia, Chirita, Chrysothemis, Codonanthe, Conandron, Corallodiscus, Diastema, Drymonia, Eucodonia, Gesneria, Haberlea, Jancaea, Koellikeria, Mitraria, Nautilocalyx, Nemanthus, Neomortonia, Opithandra, Ramonda, Rehmannia, Rhinchoglossum, Titanotrichum* sowie die nachfolgend aufgeführten Arten.

Die große Gemeinsamkeit aller Gesnerien besteht im Blütenbau. In der Regel finden wir fünf Blütenblätter (Petalen), die oft in zwei Lagen aufeinander liegen. Die oben sitzenden Petalen sind meist etwas schmäler, doch gibt es auch Ausnahmen: Bei den Gloxinien *(Sinningia)* sind sie gleichartig geformt. Gerade diese Gattung zeigt das zweite gemeinsame Merkmal: Die Petalen sind an der Basis verwachsen und bilden eine Röhre. Bei *Saintpaulia* ist diese nur kurz und wird oft gar nicht bemerkt, bei *Streptocarpus* ist sie sehr lang und auffällig. Schließlich haben alle Gesneriaceae zwei oder zwei Paar, also vier, Staubfäden. Blütenhüllblätter (Sepalen) sind ebenfalls fünf vorhanden; sie können sehr klein und unauffällig sein, aber auch groß und behaart.

Ansonsten existieren im morphologischen Bau der Pflanzen enorme Unterschiede. Sie können Knollen oder Rhizome bilden, ein Wurzelwerk besitzen, keine oder gar kletternde Stengel haben. Große, kräftige Knollen bildet die Gattung *Sinningia* (Falsche Gloxinie), während *Gloxinia* schuppige Rhizome aufweist. Eine Verwechslung ist also nur dem Namen nach möglich. Ebenfalls zu den rhizombildenden Pflanzen gehören *Achimenes, Kohleria* und *Smithiantha*. Kaum sichtbare Sprosse haben *Haberlea, Jankaea* und die meisten Saintpaulien, aber auch einige *Streptocarpus*-Arten. Kletternd oder auch hängend, was überwiegend der Fall ist, wachsen *Aeschynanthus, Alloplectus* und *Columnea*. Und schließlich gibt es auch ausläuferbildende Arten wie *Episcia*.

Nach der Art des Wachstums richtet sich auch die Vermehrung; sie wird bei den einzelnen Gattungen besprochen. Eines aber läßt sich jetzt schon sagen: Wohl kaum eine andere Pflanzenfamilie ist so leicht durch Blatt- oder Kopfstecklin-

Linke Seite: *Streptocarpus*-Hybriden sind freundliche Blühwunder, Beschreibung ab Seite 82.

9

Smithianta cinna-barina

Flußtäler Ostafrikas; sie wachsen dort in Höhen zwischen 300 und 1000 m, aber auch in Gebirgen von 2700 m über dem Meeresspiegel. Eine weitere afrikanische Gattung ist *Streptocarpus*, deren Verbreitungsgebiet sehr viel größer ist als das der Usambaraveilchen. Es reicht von deren Standort bis in die Kapprovinz Südafrikas. Dort herrschen in Höhen bis zu 1200 m bei weitem nicht mehr die tropischen Temperaturen der Usambaraberge Ostafrikas.

In Asien wachsen Gesnerien im Himalaja, auf den Malaysischen und den Pazifischen Inseln. Die Temperaturbedingungen sind ähnlich heiß wie in Afrika, doch die Niederschläge fallen meist nur saisonal. *Aeschynanthus* zum Beispiel stammt aus dem indomalesischen Raum, wo er häufig wie die ebenfalls dort wachsenden Orchideen auf Bäumen sitzt. In den Gebirgen Japans und Koreas wurzelt an Felswänden *Conandron*. Diese schwierig zu kultivierende Gattung gehört ins Kalthaus.

Die meisten Gesnerien jedoch kommen aus der Neuen Welt zu uns. Das Verbreitungsgebiet von *Achimenes* erstreckt sich von Mexiko bis Brasilien. Von hier aus bis Peru schließt sich die Wachstumszone der echten Gloxinien an, während die falschen, also *Sinningia*, fast den gesamten mittel- und südamerikanischen Raum erschlossen haben. So groß das Verbreitungsgebiet ist, so unterschiedlich sind die Kulturbedingungen und die Wachstumsformen: Sie reichen von der Staude bis hin zu kleineren Sträuchern. In den feuchten Wäldern des tropischen Amerika wachsen über 200 Arten von *Columnea*. Zum Teil haben sie, wie etwa in Costa Rica, große Temperaturschwankungen zwischen Tag und Nacht auszuhalten. Episcien, die zwischen Brasilien und Mexiko anzutreffen sind, findet man stets im Schatten von Bäumen, wo sie der gleißenden äquatorialen Sonne entgehen. Die Kulturbedingungen von *Gesneria*, die auf den Westindischen Inseln zu Hause ist, kann man im privaten Bereich kaum herstellen, weshalb diese Gattung meist nur in botanischen Gärten anzutreffen ist.

ge zu vermehren wie die Gesnerien. Dies kann sogar als weiteres allgemeingültiges Merkmal der Familie festgeschrieben werden. Und vielleicht ist die leichte Vermehrung mit ein Grund, warum die Usambaraveilchen so beliebte Zimmerpflanzen geworden sind.

Natürliche Standorte

So unterschiedlich das Wachstum der Gesneriaceae ist, so verschieden ist auch ihre Herkunft. *Haberlea* und *Ramonda* sind beide Hochgebirgspflanzen. Die Haberleen wachsen in den Gebirgen des Balkans, und *Ramonda*, den Felsenteller, findet man nicht nur in den Pyrenäen, sondern auch im ehemaligen Jugoslawien und in Griechenland. Alle anderen Gesnerien benötigen Winterschutz oder sind nur fürs Zimmer geeignet. Denn sie stammen zumeist aus den tropischen und subtropischen Gebieten der Erde. Die Heimat der Saintpaulien sind die oft nebligen

Allgemeine Kultur-ansprüche

Dies soll nicht heißen, daß Gesnerien schwer zu kultivieren sind. Ganz das Gegenteil ist der Fall. Kaum eine andere Pflanzenfamilie blüht im Zimmer so reichlich und oft mit mehr als einer Blühsaison als diese, allen voran die Gattung *Saint-paulia*. Wann immer man ein blühendes Usambaraveilchen benötigt, es gibt keine Jahreszeit, zu der man es nicht im Blumenladen kaufen kann.

Als generelle Regel kann gelten, daß die Gesneriengewächse bei normaler Zim-

mertemperatur um 20 °C hervorragend gedeihen. Sammler, die ein Gewächshaus besitzen, werden die Temperatur nicht unter 15 °C absinken und nicht über 26 °C ansteigen lassen. Die Mindesttemperatur ist allerdings auch im Zimmer zu beachten, falls die Pflanzen im Winter in einem ungeheizten Raum stehen. Ebenso große Bedeutung hat die Temperatur des Gießwassers, denn eine negative Eigenschaft vieler Gesnerien soll nicht unerwähnt bleiben: Kaltes Wasser erzeugt auf den Blättern häßliche braune Flecken, selbst häufige Taubildung kann solche Schäden hervorrufen. Wichtig ist weiterhin Hellig-

Sinningia-Hybriden, eine falsche Gloxinie, aber eine echte Schönheit aus Südamerika, Beschreibung ab Seite 73.

11

keit für die Blütenbildung, aber keine direkte Sonneneinstrahlung. Südfenster sind etwas zu schattieren.

Eine nicht zu kräftig gedüngte, normale Pflanzenerde, die stets mit etwas Sand gestreckt wird, ist optimal für das Wachstum. Fertig gekaufte Substrate haben leider den Nachteil, daß sie sich nur schwer wiederbefeuchten lassen, wenn sie austrocknen. Deshalb die Zugabe von scharfem Kiessand, der einerseits beim Gießen für einen raschen Wasserabzug sorgt, andererseits ein Zusammenbacken des Substrates verhindert. Dieses kann sehr leicht geschehen, denn man braucht die Pflanzen erst dann wieder zu gießen, wenn sich die Erde bereits trocken anfühlt. Gesnerien sind zwar keineswegs sukkulent, aber zuviel Feuchtigkeit schadet vor allem den Arten, die in ihrer Heimat epiphytisch oder in Felsspalten wachsen.

Selbstverständlich gibt es auch Ausnahmen bei der Kultur. Pflanzen der Gattung *Streptocarpus* zum Beispiel können sehr viel kühler gehalten werden als die der meisten anderen Gattungen. Episcien hingegen verlangen eine sehr hohe Luftfeuchtigkeit und einen schattigen Standort. Dies soll in den nachfolgenden Kapiteln im einzelnen besprochen werden.

Saintpaulia (Usambaraveilchen)

Die Entdeckung der Saintpaulien

Die Geschichte der Saintpaulien beginnt sehr romantisch: Am späten Nachmittag eines Sommertages im Jahre 1892 ging der deutsche Gouverneur in Deutsch-Ostafrika zusammen mit seiner Braut in seiner Gummibaum- und Vanilleplantage spazieren. Der Hitze des Tages suchten sie zu entgehen, indem sie sich in den schattigen Wäldern entlang eines Flußes aufhielten. Als die beiden plötzlich auf ihnen bislang völlig unbekannte Blumen stießen, war der Bräutigam so begeistert, daß er seiner Verlobten ein Bukett dieser »afrikanischen Veilchen« pflückte.

Der Name dieses Mannes war Baron Adalbert Emil Walter Redcliffe Le Tanneux von Saint Paul. Er wurde geboren am 12. Januar 1860, nach seiner Schulausbildung war er Leutnant im Ersten Artillerieregiment. Im Jahre 1885 trat er in die Deutsche Ostafrikakompanie ein und wurde bereits 1889 deren Generalmanager. Für die Tüchtigkeit des Barons spricht auch, daß er bereits zwei Jahre später Gouverneur der damals deutschen Provinz wurde. Am 12. Dezember 1940 starb der Entdecker der Usambaraveilchen in Berlin. (In der deutschen Literatur wird meist der Name Walter von Saint Paul-Illaire angegeben, als Todesdatum findet man auch das Jahr 1910, was angesichts des uns vorliegenden Bildmaterials nicht stimmen kann, da es einen über siebzig Jahre alten Mann zeigt.)

Und dabei war Baron von Saint Paul bei weitem kein so großer Blumenliebhaber wie sein Vater Ulrich, der seine Gutsbesitzungen in Fischbach, einem schlesischen Ort, hatte. Dieser war sein Leben lang ein begeisterter Gärtner und Gartenschriftsteller, dessen große Leidenschaft die Orchideen waren. Seinen Schloßpark zierten aber auch die seltensten Freilandpflanzen, die er von seinen vielen Reisen mitgebracht hatte. Adalbert zögerte also keinen Moment, als er die für ihn vollkommen neuen Pflanzen in Afrika entdeckt hatte, seinem Vater Ulrich einige Samen, möglicherweise auch Pflanzen, zu schikken.

Wie wir heute wissen, handelte es sich hierbei nicht nur um *Saintpaulia ionantha*, die als Mutter unserer Usambaraveilchen angesehen wurde, sondern auch um *S. confusa*, die sicherlich ebenso am heutigen Sortiment beteiligt war. Als der Gärtner in Deutschland die ersten Pflanzen großgezogen und Pflanzen zum Blühen gebracht hatte, war er begeistert von diesem Schatz, den er aus Afrika erhalten hatte. Auch er zögerte nicht lange und ließ einige der Exemplare seinem Freund Hermann Wendland zukommen, der Gärtner in den Herrenhausener Gärten in Hannover war. Dieser Mann gab den Pflanzen zu Ehren der Familie, von der er sie bekommen hatte, den neuen Gattungsnamen *Saintpaulia*. Der Artname *ionantha* hingegen kommt aus dem Griechischen und bedeutet »veilchenähnlich«. Beschrieben hat sie Wendland in einer Ausgabe der Zeitschrift »Gartenflora« des Jahres 1893.

Als im gleichen Jahr in den Königlichen Botanischen Gärten in Gent (Belgien) eine Blumenschau stattfand, stahlen die Usambaraveilchen allen anderen Pflanzen die Schau und erhielten die Auszeichnung »Beste neue Einführung der Gartenschau«. Auch der Einzug in den Handel ließ nicht lange auf sich warten, noch im gleichen Jahr erhielt das Samenhaus Ernst Benary in Erfurt die Samenernte dieser Pflanzen. Bereits 1894 tauchten die ersten Pflanzen in England und kurze Zeit später sogar in New York auf, der Siegeszug der Saintpaulien hatte begonnen! Das berühmte »Curtis Botanical Magazine« veröffentlichte 1895 eine Abbildung dieser aufsehenerregenden Neuheit.

Die Arten und ihre Herkunft

Gehen wir noch einmal zurück an den Ursprungsort dieser Pflanze. Heute wissen wir sehr viel mehr über sie als Vater und

Sohn von Saint Paul. Ihren deutschen Namen Usambaraveilchen haben die Saintpaulien von ihrem Fundort, den Usambarabergen in Tanzania. In dieser faszinierenden Landschaft herrschen von Juni bis September ziemliche Trockenheit und so »kühle« Temperaturen wie bei uns in den heißesten Sommern. In den restlichen Monaten steigt die Mittagstemperatur auf 50 °C, und der täglich fallende Zenitalregen läßt die relative Luftfeuchtigkeit auf 98 Prozent ansteigen. Der Fluß Mkulumuzi schneidet tiefe Täler in das kalkige Gestein der Berge, und in den schattigen Nischen der Klippen wächst *S. ionantha*.

Inzwischen sind uns nicht nur 20 verschiedene Arten dieser Pflanze bekannt, sondern auch eine ganze Reihe weiterer Fundorte. In Tanzania sind es neben den Usambarabergen die Uluguru-, die Uakguru- und die Nguru-Berge. Aber auch in Kenia wachsen Saintpaulien, und zwar in den Teita- und den Tsima-Hügeln. In den Uluguru-Bergen findet man viele Saintpaulien in 2000 m Höhe, während sie sonst häufig unter 1000 m anzutreffen sind. Das größte Areal mit den meisten verschiedenen Arten ist die Heimat von *S. ionantha*, das Usambaragebirge. Dort wachsen:

S. confusa. Sie hat sehr große Ähnlichkeit mit *S. ionantha* und wurde erst 1947 klar von dieser abgegrenzt, da sie lediglich zwei, mehr rötlichviolette Blüten besitzt. Sie wächst in der Nähe von Amani in Höhen zwischen 880 und 1020 m auf Gneis und bildet mit ihren Ausläufern große Polster. *S. ionantha* hingegen bildet stets nur eine Rosette.

S. difficilis. Ihr Vorkommen liegt in der Nähe der kenianischen Grenze. Ihre Blätter sind nahezu durchsichtig und mit langen Haaren bedeckt. Die jeweils fünf bis sieben Blüten pro Stiel sind mittel- bis dunkelblau. Sie liebt einen sonnigen Standort.

S. diplotricha wächst unter anderem im Tal des Mkulumuzi in Höhen bis 960 m. Die dicken Laubblätter haben eine purpurn überhauchte Rückseite und bilden eine gut geformte Rosette. Ihre Blüten sind hellblau bis lilarosa. Nach jedem Gie-

ßen muß man sie vollkommen austrocknen lassen! (Manche Autoren rechnen *S. diplotrichia* zu *S. confusa*, dem widerspricht die fehlende Polsterbildung.)

S. grandiflora wurde in den westlichen Usambarabergen entdeckt. Sie bildet sehr kräftige Rosetten mit gekräuselten Blättern und auffallend große, leuchtendblaue Blüten. In Kultur ist sie eine der reichblühendsten Arten.

S. grotei kommt in der Nähe von Amani in schattigen, sehr feuchten Wäldern vor, liebt aber gut durchlässigen Boden. Die Wuchsform dieser Kletterpflanze ist für eine Saintpaulie sehr ungewöhnlich. Die langen Stiele, an denen meist nur ein bis zwei mittelblaue Blüten mit einem etwas dunkleren Auge sitzen, treiben an den Blattachseln oft wurzelnde Triebe.

S. intermedia wächst in Felsspalten in der Gegend um Kigongoi. Jung wächst die Pflanze aufrecht mit nur einer Rosette, im Alter jedoch wird sie zum Trailer, das heißt, die nun zahlreich sich bildenden Rosetten ergeben ein Polster. Die samtigen Blätter sind olivgrün, die Blüten mittelblau.

S. ionantha. Die Mutter unserer *Saintpaulia*-Hybriden wurde vom Baron von Saint Paul in der Nähe der Stadt Tanga entdeckt. Sie trägt herzförmige, dunkelgrüne Blätter mit rötlicher Rückseite und bis zu zehn violettblaue Blüten pro Stiel. Ausgewachsene Pflanzen haben bis zu 60 cm Durchmesser.

S. magungensis wurde erstmals in der Nähe der Stadt Magunga entdeckt, wächst aber auch entlang des Kwamkuya Flusses: ein mittelgroßer Trailer mit jeweils zwei blauvioletten Blüten pro Stiel. *S. magungensis* var. *minima* hat braune, kriechende Stiele, *S. magungensis* var. *occidentalis* mehr und dunkler geäugte Blüten als die Stammform, sie ist aber ein weniger zuverlässiger Blüher.

S. orbicularis stammt aus der Region um Sakarre. Sie wächst im Schatten bei einer Tagestemperatur von 50 °C und einer Nachttemperatur von 25 °C. Ihr Wuchs ist aufrecht, doch bildet sie zahlreiche Ro-

Oben links:
Saintpaulia grandifolia.

Oben rechts:
Saintpaulia grotei ist wegen ihres kletternden Wuchses auch als Ampelpflanze zu gebrauchen.

Saintpaulia ionantha.

15

setten. Die Blüten sind klein und hellblau bis fast weiß. Noch zahlreicher und purpurn, aber ebenso winzig sind sie bei *S. orbicularis* var. *purpurea*.

S. pendula wächst an den Hängen des Mtai. Der Miniaturtrailer hat gelblichgrüne Blätter an sehr langen Stengeln und blüht nur spärlich mit einer hellblauen Blüte pro Stiel. Zahlreicher sind die mittelblauen Blüten der Varietät *S. pendula* var. *kizarae*.

S. shumensis. Noch in 2000 m Höhe an trockenen Felswänden bei Shume ist diese Art zu finden: eine ausläuferbildende Miniaturpflanze mit kleinen, stark behaarten Blättern. Sie trägt winzige, fast weiße Blüten mit violettem Zentrum.

S. tongwensis wächst auf einem Gneisfelsen in der Nähe des Gipfels des Mount Tongwe. Lange, schmale, feste Blätter bilden symmetrische Rosetten. Auch in Kultur ein williger Blüher mit bis zu zwölf bleichen, blauen Blüten pro Stiel.

S. velutina ist an den Hängen der westlichen Usambaraberge bei Balangi zu finden. Ihre dünnen, samtigen, dunkelgrünen Blätter zeigen eine rote Rückseite. Sie ist sehr blühwillig, die Blüten sind violett mit dunklerem Zentrum. Die Pflanzen lieben durchlässiges Erdreich und kühlere Temperaturen.

In den Ulugura-, den Uakguru- und den Nguru-Bergen wachsen:

S. brevipilosa. Diese Art stammt aus den Nguru-Bergen. Die Blätter der kleinbleibenden Pflanze fühlen sich weich und filzig an. Die Blüten sind von hellem Purpur mit dunklerer Mitte, sie sind sehr kurzlebig.

S. goetzeana wächst auf Moospolstern in Höhen zwischen 1200 und 2000 m der an der Südseite des Lukwangule Plateaus gelegenen Urwälder und ist in Kultur nur schwer zu halten. So sind die weißen Blüten dieser Miniaturpflanze selten zu sehen.

S. inconspicua. Die in Kultur befindlichen Pflanzen dieser Art gingen während des 2. Weltkrieges verloren. Sie stammten aus der Nähe von Morogoro. Der Trailer

besaß weiße Blüten mit einer kleinen blauen Mitte und wurde bislang nicht wiedergefunden.

S. nitida findet man auf den Felsen von Flußtälern in der Nähe von Twiani. Sie entwickelt runde, fünfmarkstückgroße Blätter mit roter Rückseite. Die Pflanzen sind reichblühend mit acht bis zwölf kräftig purpurfarbigen Blüten und sehr kulturwürdig.

S. pusilla wächst angeblich ganz in der Nähe von *S. goetzeana*, nicht aber in so großer Höhe. Auch diese Pflanze mit den zweifarbigen weißen und hellblauen Blüten ging in Kultur während eines Fliegerangriffs verloren.

In Kenia sind zu finden:

S. rupicola wächst 40 km nördlich von Mombasa in der Gegend um Kaloleni auf Felsen. Diese Art trägt mittelgrüne Blätter und hellblaue Blüten. Im Alter bilden die Pflanzen zunehmend Rosetten und werden dann sehr buschig.

S. teitensis. Die in Afrika am nördlichsten zu findende Species aus den Teita- und den Mbololo-Bergen wächst entlang von Urwaldflüssen. Die aufrecht stehende Pflanze besitzt nur eine Rosette und ein bis zwei blauviolette Blüten pro Stiel.

Von den Arten zur Vielzahl der Züchtungen

Versuchen Sie gar nicht erst eine der soeben genannten Species im Blumenladen zu kaufen. Denn alles, was Sie dort bekommen, sind Züchtungen, die irgendwann aus den Arten entstanden sind. (Falls Sie trotzdem an den Naturformen interessiert sind, verweisen wir auf die im Anhang genannte Gärtnerei von JoAnne Martinez, Florida, U. S. A.) In der Bundesrepublik Deutschland ist auch das Angebot an Hybriden ziemlich begrenzt, zumindest im Hinblick auf das englische und amerikanische Sortiment. Wer sich jedoch speziell für dieses interessiert, der kann unter mehr als 1000 Sorten auswählen.

Begonnen hat alles mit den beiden Arten, die der Baron von Saint Paul nach Deutschland geschickt hatte. Zunächst war keinem bewußt, daß es sich um zwei verschiedene handelte, nämlich *Saintpaulia ionantha* und *S. confusa*. Alle botanisch Interessierten aber wissen, daß immer dann, wenn man zwei verschiedene Species miteinander kreuzt, die Nachkommen ganz andere Eigenschaften als ihre Eltern haben können. In diesem Fall jedoch blühen beide blau und sind sich auch vom Blatt her ziemlich ähnlich. Man kann sogar sagen, daß wilde Usambaraveilchen stets mehr oder weniger blau blühen. Dieser Farbton kann variieren von einem sehr zarten Ton, der fast weiße Blüten ergibt, über Violett bis hin zu Purpur.

Obwohl bis 1898 noch keine andere Art hinzugekreuzt worden war, tauchte unter den Sämlingen Ernst Benarys eine rotblühende Pflanze auf. Das Rot war zwar nicht mit dem der heutigen Züchtungen zu vergleichen, aber zu dieser Zeit eine Sensation. Mit dieser neuen Farbe hatte man den Grundstock für das heutige, breitgefächerte Sortiment an *Saintpaulia*-Ionantha-Hybriden gelegt, das nun eine breite Farbpalette umfaßt.

In den Blumenläden gibt es nach wie vor meist blaue Sorten, angeblich weil sich die anderen Farben so schlecht verkaufen lassen. Wir haben jedoch in unse-

Morphologie der
Saintpaulie.

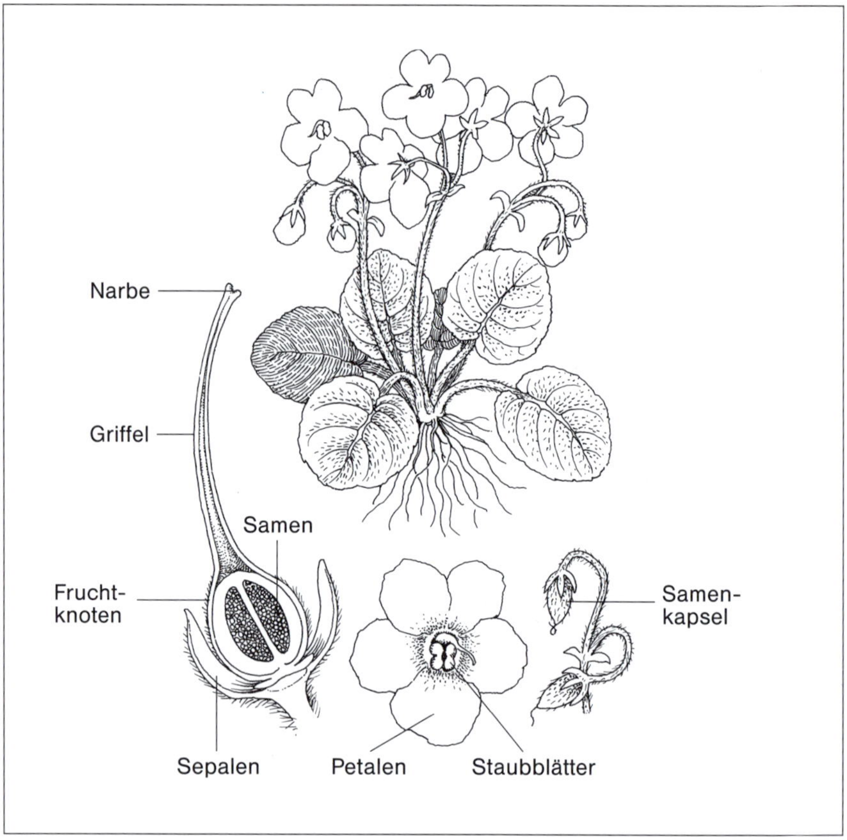

Narbe

Griffel

Samen

Frucht-
knoten

Samen-
kapsel

Sepalen   Petalen   Staubblätter

Saintpaulia-Hybri-
de 'Greta'. Züchteri-
sche Erfolge: weiße
Blüten mit blauem
Rand (Seite 39).

rer Sammlung Pflanzen mit weißen, zart-rosafarbenen, kräftig pinkfarbenen, pur-purroten, ja sogar schwarzroten Blüten. In den letzten Jahren kamen aus den USA grün gerandete und selbst völlig grünblü-hende Sorten zu uns, und jetzt, da dieses Buch geschrieben wird, werden sogar die ersten gelbblühenden Sorten angeboten. Zur Zeit ist es aber noch völlig unmöglich, Blattstecklinge von diesen Pflanzen zu be-kommen. Für diese selbst wird ein Traum-preis von 50 US $ verlangt.

Bei den Arten findet man solche, deren Blüten in der Mitte dunkler sind. Ist diese Form der Zeichnung sehr auffällig, so spricht man von einem »Auge«. Geht die Farbverteilung über die gesamte Blüte, be-zeichnet man sie als »bicolor«. Ist lediglich der Rand kräftiger gefärbt, gilt die Sorte als »gerandet« *(edged)*, ist er hingegen heller, bezeichnet man sie mit dem englischen Wort »Geneva«. Bei ungleichmäßiger Farb-verteilung oder Farbspritzern spricht man von »Fantasy«. Dies nur, falls Sie nach einer Liste ohne Bildvorlagen bestellen wollen.

Ebensowenig wie diese Farbmuster fin-det man in der Natur gefüllte Blüten. Die-se sind stets einfach, das heißt, sie haben fünf Petalen. Bei allen Arten sind die bei-den oben sitzenden schmaler geformt als die beiden seitlichen und das untere. Bei den Hybriden ist dies verschieden. Die Blüten können ihren typischen »Wildcha-rakter« behalten haben, sie können aber auch völlig radiärsymmetrisch sein. Sehr oft findet man hier auch mehr als zwei Staubfäden, was bei einer Species eben-falls nicht der Fall ist. Die beiden Pollen-säcke sind in der Mitte eingeschnürt, so daß es fast aussieht, als hätte die Blüte vier. Oft wandeln sich die zusätzlichen Staubblätter um in kleine, verkümmerte Blütenblätter, man spricht dann von halb-gefüllten (semidouble) Blüten, auch wenn weiterhin nur 5 Petalen vorhanden sind. Gelegentlich bilden sich aber auch hier ein bis zwei mehr. Ähneln die zusätzli-chen Blütenblätter annähernd der Form der Petalen und sind in großer Zahl vor-handen, so sind die Blüten gefüllt (double).

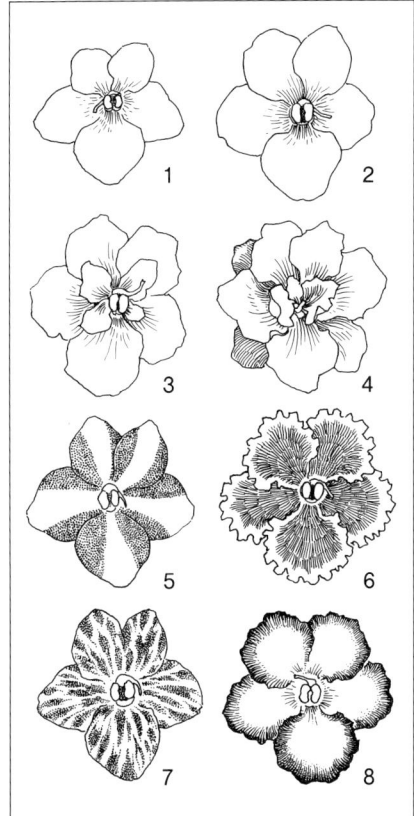

Blütenformen:
1 = Wildform,
2 = einfachblühend,
3 = halbgefüllt,
4 = gefüllt.
Farbmuster:
5 = bicolor,
6 = Geneva,
7 = Fantasy,
8 = mit Rand.

Auch bei den Blättern hat sich einiges verändert. *Saintpaulia ionantha*, die Mut-ter unserer Usambaraveilchen, hat den ty-pischen Bau einer Saintpaulie. Das Wur-zelwerk ist faserig und entspringt der Ba-sis einer stark gestauchten Sproßachse. Aufgrund dieser Stauchung bilden die am Sproß sitzenden Blätter eine Rosette, die im Englischen auch Krone (crown) ge-nannt wird. Falls diese durch falsches Gie-ßen (siehe Seite 22f.) fault, sterben auch die Blätter ab, die ja dort verwachsen sind. Erst ältere Pflanzen bilden einen kurzen Stamm, bei jüngeren liegen die Blattroset-ten direkt über dem Boden. Wenn sich aus dem apikalen Meristem der Pflanze, das die Mitte bildet, neue Blätter entwickeln, schieben sich die äußeren Blattkreise im-mer weiter hinaus, so daß die Pflanze ein sehr symmetrisches Aussehen bekommt. Bei Ausstellungspflanzen ist dies sogar

19

Blatt-Typen:
1 = Boy-Typ,
2 = Girl-Typ.
Blattformen:
3 = spitz,
4 = rund,
5 = gezackt,
6 = gerüscht.

eines der Hauptkriterien bei der Bewertung. Die Blütenstände entspringen den Achseln jüngerer Blätter, sie sind zum Ende hin zahlreich verzweigt und tragen oft mehr als zehn Blüten.

Es gibt jedoch auch Pflanzen mit anderer Wuchsform: Sie bilden niederliegende Stämmchen, die rasch wachsen, sich verzweigen und wiederholt Rosetten austreiben. Diese sind sehr viel kleiner als bei den *Saintpaulia*-Ionantha-Hybriden und auch bei weitem nicht mehr so gleichmäßig geformt. Dafür bildet die ganze Pflanze bald ein dichtes Polster von Blättern, aus dem an vielen Stielen zahlreiche kleine Blüten treiben. Man bezeichnet diese Art der Miniaturform in der englischen Literatur als »Trailer«.

Die Blätter können spitz zulaufen, herzförmig oder rund sein. Auch sind sie mehr oder weniger dicht mit Haaren besetzt, so daß sie dunkelgrün oder silbrig aussehen. Die Rückseiten können rot sein, wie bei vielen in der Natur vorkommenden Arten. Keinesfalls findet man bei diesen jedoch panaschierte Blätter, das heißt, solche, die mit einer weißen Zeichnung versehen sind. Selbst rosafarbene Blattmuster gibt es bei neueren Sorten. Die Blattränder können glatt sein oder gezackt, ja selbst gerüschte Blätter sind keine Seltenheit mehr. Der wichtigste Unterschied bei den Blättern jedoch ist der, ob es sich bei

Saintpaulia-Hybride 'Honeysuckle Rose', für Liebhaber von Liebhabern aus England: gefüllte Blüten und panaschiertes Laub (Seite 44).

der Pflanze um einen »Jungen« oder ein »Mädchen« handelt. Dies bedarf der Erklärung.

Im Jahre 1935 brachte die Firma Armacost & Royston in Los Angeles zehn von über tausend Sämlingen ihres Chefzüchters Walter Oertel (dem Namen nach ein Deutscher) als neue Sorten heraus. Die für die weiterführende Zucht bei weitem wichtigste war 'Blue Boy'. Sie hat die typischen, glatten, dunkelgrünen Blätter der meisten Hybriden. Ganz abgesehen davon, daß 'Blue Boy'-Sämlinge 1939 die ersten gefüllten Blüten erbrachten, ging aus dieser Sorte im Jahre 1941 eine Neuzüchtung hervor, die als 'Blue Girl' bezeichnet wurde. Die Blätter wiesen an der Basis, wo die Spreite in den Stiel übergeht, einen hellen Fleck auf, und der Blattrand war gerüscht. Auch heute noch unterscheidet man Pflanzen nach »Boy«- oder »Girl«-Typ.

Die Kultur unserer Usambaraveilchen

Noch einen Unterschied gibt es zwischen den Species und den Hybriden in unseren Wohnstuben. Obwohl deren »Urahnen« unter der heißen Sonne Afrikas wuchsen, sollten Sie nicht versuchen, die Pflanzen an einem unschattierten Südfenster zu kultivieren. Als wir einmal unser Wohnzimmer renovierten und deshalb die Pflanzen auf dem Balkon für einen Nachmittag der Sommerhitze aussetzten, hätten wir fast unsere gesamte Sammlung verloren. Aus Schaden wird man klug!

Standort Fensterbrett

Der günstigste Standort ist ein Ost- oder Westfenster, selbst Nordfenster sind noch geeignet. Südfenster sind bei direkter Sonneneinstrahlung zu schattieren. Ideal ist natürlich ein geheiztes Gewächshaus, doch ist vielleicht die Methode, die Pflanzen im Keller unter künstlichem Licht zu kultivieren, wie es oft in Amerika gemacht wird, eine preisgünstigere Lösung. Optimal ist eine Zimmertemperatur von 19 bis 22 °C, und Sie sollten im Winter beim Lüften gut darauf achten, daß die Pflanzen nicht kalter Zugluft ausgesetzt

Usambara-Veilchen fühlen sich an Ost- oder Westfenstern am wohlsten.

21

sind. Häßliche braune Flecken auf den Blättern sind die Folge. Selbst wenn die Temperatur nur für wenige Stunden unter 5 °C absinkt, werden die Pflanzen stark geschädigt oder abgetötet.

So kompliziert es nun scheinen mag, in unsere Wohnstuben die natürlichen Wachstumsbedingungen der Usambaraveilchen zu übertragen — es ist ganz einfach, sie dort zu kultivieren! Wenn Sie eine Pflanze beim Gärtner erwerben, so ist diese meist in einen Kunststofftopf gepflanzt. Da Tontöpfe völlig außer Mode geraten sind, brauchen wir uns auch nicht näher mit der Problematik dieser Gefäße zu befassen. Doch was ein scheinbarer Vorteil des Plastiks ist, kann auch zum Nachteil werden: Kunststofftöpfe halten nach dem Gießen die Feuchtigkeit länger in der Erde, das Wasser kann nicht wie bei Tontöpfen durch die Gefäßwände verdunsten. Daher ist auf richtige Gießabstände zu achten, damit die Wurzeln nicht in zuviel Wasser regelrecht »ertrinken«. Die Vorteile der Plastiktöpfe liegen auf der Hand: Da kein Wasser durch die Gefäßwand dringt, lagern sich keine Salze außen ab. Auch bilden sich keine Algen an der Gefäßwand. Kunststofftöpfe sind also sehr leicht sauberzuhalten. Nur sollte man sie nicht bedenkenlos in den Müll werfen, man kann sie reinigen und wiederverwenden. Wenn man selbst keine Verwendung dafür hat, irgendeinen Hobbygärtner, der Bedarf für diesen »Abfall« hat, kennt sicher jeder.

In der Regel stellt man die Töpfe, die grau oder braun sind und nicht besonders gut ausschauen, in Übertöpfe. Hier gilt es besonders darauf zu achten, daß sich kein Wasserbad in diesen ansammelt. Am sichersten ist es, vor dem Gießen die »Fingerprobe« zu machen, das heißt, ganz einfach den Finger durch die Blätter zu stecken und zu fühlen, wie feucht die Erde noch ist. Leider haben die Erdmischungen der Zimmerpflanzenproduzenten einen großen Nachteil: Nach dem Austrocknen lassen sie sich nur schwer wieder anfeuchten. So passiert es vor allem in Supermärkten, in denen die Pflanzen nicht regelmäßig gegossen werden, daß die Erde bereits so stark geschrumpft ist, daß sich zwischen Wurzelballen und Topfwand ein Spalt gebildet hat, durch den das Gießwasser ungehindert abfließt. Die Pflanze vertrocknet trotz des Gießens!

Gießen

Zweierlei sollten Sie in diesem Fall machen. Stellen Sie die Pflanze bis zum Rand in ein Gefäß mit Wasser und lassen Sie den Wurzelballen vollsaugen. Drücken Sie anschließend die Erde fest und füllen mit Hilfe eines Teelöffels am Rand noch etwas Zimmerpflanzenerde nach. Diese gibt es heutzutage überall zu kaufen, nur sollten Sie sie nicht in dem Zustand verwenden, in dem Sie sie erwerben. Um die Wasserdurchlässigkeit zu erhöhen und um ein besseres Anfeuchten nach dem Austrocknen zu ermöglichen, gibt man einen Teil scharfen Kiessand auf drei Teile Blumenerde. Dieser ist vermutlich in der Stadt sehr viel schwieriger zu besorgen als das Pflanzsubstrat, doch vielleicht ist eine Baustelle in Ihrer Nähe. Da dort meist gelber Sand zu finden ist, der ebenfalls zusammenbacken kann, ist es jedoch sehr viel besser, sich im Sommer bei einem Ausflug von der Kiesbank eines Flußes Sand zu holen.

Da nun schon soviel vom Gießen die Rede war — wie wird nun die Pflanze eigentlich richtig feucht gehalten? Denn sehr viel öfter als das Wässern vergessen wird, werden Usambaraveilchen zu Tode »gepflegt«. Das »Wie« und das »Wie oft« sind wichtig! Natürlich ist regelmäßiges Gießen am besten, doch braucht das Substrat keineswegs immer gleichmäßig feucht zu sein. Es kann ruhig einmal so weit austrocknen, daß es sich an der Oberfläche überhaupt nicht mehr feucht anfühlt. Im Kern ist dann immer noch so viel Wasser vorhanden, daß die Pflanze nicht kümmert. Schlimm wird es erst, wenn die Blätter welken und sich die Blütenstiele schlapp zu Boden neigen. So weit sollte man es nicht kommen lassen, denn dann ist es für gründliches Wässern allerhöchste Zeit. Doch auch wenn man zuviel gießt, zeigen die Blätter die gleichen Symptome, sie verfärben sich aber zugleich gelb.

Es ist völlig unbedeutend, ob das Gießwasser aus der Leitung kommt und kalkhaltig ist, oder ob man besonders weiches Regenwasser vorzieht. Wichtig ist nur, daß das Naß nicht zu kalt ist, denn dies schadet nicht nur den Blättern, falls es auf diese gelangt, sondern auch den Wurzeln. Das Wasser sollte Zimmertemperatur haben, was sich von selbst ergibt, wenn es abgestanden ist. Man kann aber auch etwas Warmwasser in die Kanne laufen lassen, so daß es insgesamt handwarm ist.

Beim »Wie« stellt sich die Frage: Soll man nun von oben oder von unten wässern. Im Prinzip ist dies gleichgültig, nur sollte man vielleicht wissen, daß in den Anzuchtbetrieben die Feuchthaltung der Pflanzen prinzipiell mit Ebbe-Flut-Bewässerungssystemen erfolgt. Das Gießen erfolgt also von unten, das Wasser, und mit ihm die Nährsalze, steigen durch die Kapillarwirkung im Substrat empor. Werden die Pflanzen nun zu Hause gegossen, so wäre eigentlich zu erwarten, daß die Nährstoffe mit der Zeit aus der oberen Schicht herausgewaschen werden und sich im unteren Drittel des Topfes sammeln. Wie jedoch Untersuchungen zeigen, werden Usambaraveilchen mit diesem Problem spielend fertig, vermutlich, indem die Salze sofort wieder von der Pflanze aufgenommen werden.

Wir selbst gießen die Saintpaulien nach beiden Methoden. Auf den Fensterbänken des Wohnzimmers stehen die Pflanzen in Übertöpfen, hier wird von oben gegossen und ebenso gedüngt. Achten Sie bei dieser Gießweise aber darauf, möglichst zwischen den Blattstielen hindurch das Substrat anzufeuchten, was nur mit einer Gießkanne mit langer Tülle möglich ist. Man sollte nicht allzu häufig auf die Krone gießen, dies kann unter Umständen zu Fäulnis führen. Ebenso verursacht kalkhaltiges Wasser auf den Laubblättern häßliche weiße Flecken.

Ein Großteil unserer Sorten jedoch steht auf Balkonkastenuntersetzern. Auf diese Art können zehn bis 15 Pflanzen gleichzeitig gegossen werden, was von unten geschieht. Es ist hierbei darauf zu achten, daß das eingefüllte Wasser vollkommen vom Substrat aufgesogen wird. Ist dies nach etwa 30 Minuten nicht der Fall und stehen die Töpfe noch immer im Wasser, so ist, wenn es häufig passiert, Wurzelfäule die Folge, wie übrigens bei den meisten anderen Zimmerpflanzen auch. Neben der Zeitersparnis beim Gießen hat diese Methode auch noch einen anderen Vorteil: Wegen der Rinnen in den Schalen bleibt stets eine Spur von Wasser

Zur Pflege gehören regelmäßiges Gießen (nicht auf die Rosetten!), Abstauben der Blätter sowie Kontrolle und Bekämpfung von Schädlingen.

23

zurück. Es verdunstet und erhöht die Luftfeuchtigkeit, zumindest in der direkten Umgebung der Pflanzen. Wie sehr dieses »afrikanische« Zimmerklima unseren Saintpaulien behagt, zeigen sie mit willigem Blütenansatz! In sehr trockenen Räumen kann man die Pflanzen auch mit einem Zerstäuber besprühen.

Düngen

Ebenso wie man regelmäßig wässert, sollte man auch regelmäßig düngen. Wenn sich die äußeren Blätter der Rosetten gelb färben, ist dies ein Zeichen von bereits großem Nährstoffmangel. Die Pflanze hilft sich selbst, indem sie dem äußeren Blattkranz die Nährstoffe entzieht, die sie zur Neubildung von Laubblättern benötigt. Diese sehen zwar kräftig grün aus, doch im ausgewachsenen Zustand sind sie kleiner als normal. Zudem werden die äußeren Blätter immer unansehnlicher und die Saintpaulie wird sie eines Tages abstoßen. Einmal im Jahr zu düngen ist also zu wenig.

Dennoch kann keine generelle Empfehlung gegeben werden. Die Häufigkeit der Düngung hängt von der Art des Düngers, dem Alter der Pflanze und der Jahreszeit ab. Usambaraveilchen machen keine Ruhezeit durch wie manche anderen Gesnerien. Man braucht deshalb auch keine

Saintpaulia-Hybride 'Birgit'.

Düngepausen einzulegen. Dennoch wird man im Winter, der lichtarmen Jahreszeit, weniger düngen. Verwendet man einen Flüssigdünger, so kann man diesen alle zwei bis drei Wochen dem Gießwasser beimengen. Lieber zu gering als zu hoch dosieren! Überdüngung führt zu irreparablen Schäden, die Blätter werden welk, und die Pflanze stirbt ab. Man kann diese Form des Düngens sowohl beim Gießen von oben als auch von unten anwenden.

Bei den Pflanzen, die von oben gegossen werden, verwenden wir jedoch meist einen Vorratsdünger in Form von Düngestäbchen. Junge Pflanzen in kleinen Töpfen erhalten ein halbes Stäbchen, bei ausgewachsenen wird ein ganzes Stäbchen halbiert und beidseitig der Krone in die Erde gesteckt. Diese Art der Düngung braucht lediglich drei- bis viermal im Jahr durchgeführt zu werden. Die Nährstoffzusammensetzung dieser Stäbchen ist abgestimmt auf die meisten Zimmerpflanzen, für Usambaraveilchen ergeben sich daraus keine Probleme.

Wie alle Dünger enthalten sie Stickstoff, Kalium und Phosphor in aufeinander abgestimmten Teilen. So bedeutet zum Beispiel die Formel 2:5:4, daß der Dünger 2% Stickstoff, 5% Phosphat und 4% Kalium enthält. Alle hochwertigen Düngermischungen enthalten zudem Magnesium und Spurenelemente wie Bor, Mangan, Kupfer und Zink. Während Stickstoff vor allem der Blattbildung zugute kommt, benötigt die Pflanze zur Blütenbildung Phosphate. In Amerika gibt es spezielle *Saintpaulia*-Dünger ohne Stickstoffanteil mit der Formel 0:6:5. Dennoch können wir uns nicht vorstellen, daß man ohne gelegentliche Volldüngung auskommt. Außerdem wird empfohlen, diese Mischung nicht für panaschierte Pflanzen zu verwenden.

Für ausgewachsene Pflanzen empfehlen sich Blütendünger mit einem Anteil der Nährstoffe von 2:5:4 oder 1:3:2. Ebenso lassen sich Flüssigdünger mit einem Nährstoffgehalt von 15:30:15 oder 4:10:10 verwenden. Jungpflanzen hingegen benötigen in ausreichendem Maße

Stickstoff, die erste Zahl darf also höher oder genauso hoch sein wie die beiden anderen, zum Beispiel 14:12:14 oder 20:20:20. Ohne den Mineraldüngern eine Lanze brechen zu wollen, ist die Verwendung von organischen Düngern wie Knochenmehl oder Hornspänen zwar denkbar, wegen der Geruchsbelästigung in geschlossenen Räumen aber nicht empfehlenswert.

Säubern

Wenn die Pflanze ungleichmäßige Rosetten bildet, so liegt dies an der einseitigen Lichtverteilung am Fenster. Man sollte also die Pflanze von Zeit zu Zeit drehen. Blätter mit überlangen Stielen kann man aber auch auszwicken. Man braucht sie ja nicht wegzuwerfen, sondern kann mit ihnen für Nachkommenschaft sorgen (siehe Seite 30ff.). Ab und zu werden die Blattränder braun oder ein ganzes Blatt kümmert. Auch dieses wird mitsamt dem Stiel direkt an der Krone entfernt. Bei älteren Pflanzen setzt sich mitunter Staub auf den Laubblättern ab. Nicht, weil es bei Ihnen vielleicht besonders staubig ist, sondern ganz einfach deshalb, weil die Haare auf der Blattoberfläche ideale Staubfänger sind! Die Flusen entfernt man ebenso wie die Erde, die sich beim Umtopfen zwischen den Haaren festgehängt hat, mit einem Pinsel.

Probleme mit alten Pflanzen

Mit dem entsprechenden Wachstum ist es nötig, der Pflanze ein neues, größeres Gefäß zu geben. Deutsche Pflanzen werden in der Regel in 9-cm-Töpfen verkauft, das entspricht dem Maß einer Jungpflanze. (Die Amerikaner ziehen 12 cm breite Gefäße vor, aber schließlich ist bei ihnen alles weiträumiger, vielleicht sogar die Fensterbretter). Eine Faustregel sagt, daß der Durchmesser des äußeren Blattkranzes dreimal so groß sein darf wie der Topf.

Ein 9-cm-Topf ist also für eine 25 cm große Pflanze allemal ausreichend, für Miniaturen nimmt man 4-cm-Töpfe.

Wie wir jedoch gehört haben, können ältere Pflanzen einen Durchmesser von bis zu 60 cm Durchmesser erreichen. Wir haben solche Maße zwar noch nie erlebt, doch ist es bei der großen Anzahl von Sorten, die sich bei uns auf dem Fensterbrett drängen, auch gar nicht denkbar. Hierzu benötigt man Platz. Rein theoretisch gehört eine solche Pflanze in einen 18-cm-Topf. Wir wollen jedoch bescheiden sein und steigern die Topfgröße zunächst auf 10 und dann auf 12 cm Durchmesser. Was die Höhe des Gefäßes betrifft, verwendet man Standardgrößen, also weder überhohe Gefäße für Rübenwurzler noch flache Schalen, wie man sie für Zwiebeln in Zimmerkultur benützt.

Das mittlerweile für den Topf zu groß gewordene Usambaraveilchen wird mit der einen Hand unten am Topf gefaßt, die andere greift unter der Blattrosette hindurch, so daß je zwei Finger beidseitig der Krone auf der Erde liegen. Nun wird die Pflanze auf den Kopf gestellt. Meist rutscht sie jetzt von selbst mit ihrem Wurzelballen aus dem Gefäß, wenn nicht, hilft man etwas nach, indem man die beiden Hände auseinanderzieht. Die Erde braucht nicht vom Ballen entfernt zu werden, leichtes Ausschütteln genügt.

Saintpaulia-Hybride 'Ava', ihre weißen Blüten haben blaue Augen (Seite 39).

Man setzt die Pflanze in einen neuen Topf, der stets ein bis zwei »Nummern« größer sein sollte als der vorhergehende. Den Rand füllt man mit frischem Substrat aus. Dieses wird in der Regel käuflich erworben, wobei man etwas Kiessand untermischt. Wer seine Zimmerpflanzenerde selbst mischen will, nimmt ein Drittel Torf, ein Drittel Sand und ein Drittel Maulwurfshügelerde, da diese relativ unkrautfrei ist. Man kann dem Gemisch bis zur Hälfte Kompost zugeben, doch ist es in diesem Fall unerläßlich, das Pflanzsubstrat zu sterilisieren, das heißt in der Bratröhre oder im Dampfkochtopf zu erhitzen. Denn abgesehen davon, daß sonst jede Menge Unkraut im Zimmer aufgeht, können Pilze und Krankheiten unsere Pflanzen schädigen. Umgetopft kann während des ganzen Jahres werden, nur in der lichtarmen Jahreszeit sollte man darauf verzichten.

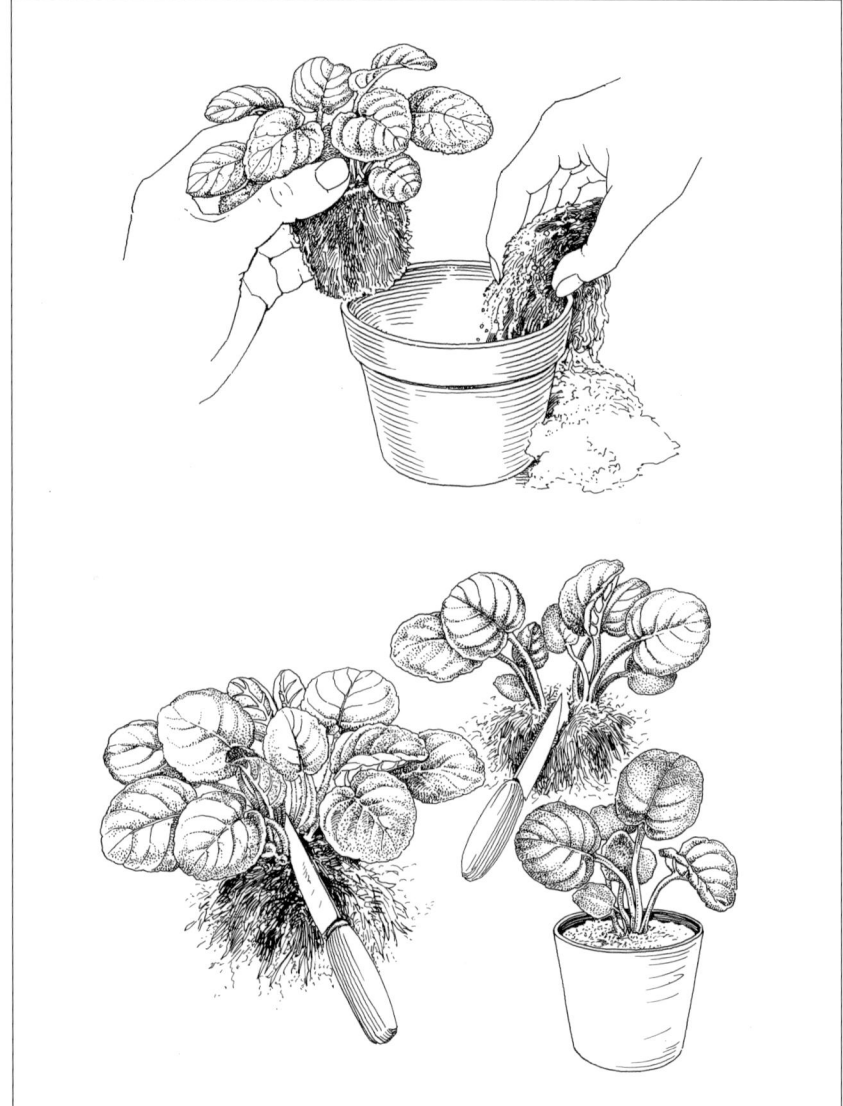

Oben:
Beim Umtopfen von Saintpaulien ist darauf zu achten, daß die Rosetten nicht zu tief gesetzt werden, da sie sonst faulen.

Unten:
Pflanzen, die Schößlinge bilden, müssen aufgenommen und geteilt werden.

Saintpaulia-Hybride 'Bella', Variabilität der Blüten — gefranster, blauer Rand an weißen Blüten (Seite 41).

Bei dieser Gelegenheit kontrolliert man auch gleich, ob die Pflanze noch immer gleichmäßig wächst, beziehungsweise, ob sie noch keine Seitentriebe gebildet hat. Dies gilt natürlich nicht für die Trailer! Eine Standardsorte sollte stets nur eine Krone besitzen, manche Pflanzen hingegen neigen dazu, mehrere zu bilden. Man bezeichnet diese neu hinzugekommenen in der englischen Literatur als »Sucker«. Diese Bildung von Schößlingen (was die Übersetzung des englischen Wortes ist) läßt sich zwar nicht unterbinden, man kann sie aber abnehmen und in separate Töpfe pflanzen. Bei zu vielen Seitentrieben sollte die Pflanze auch dann umgetopft werden, wenn noch gar kein größeres Gefäß nötig ist.

Die Schößlinge lassen sich oft sehr leicht mit der Hand abdrehen. Falls dies nicht möglich ist, schneidet man mit einem scharfen Messer das »Kind« von der Mutterpflanze ab. Wenn die geteilten Portionen jeweils genügend Wurzeln abbekommen haben, ist die Weiterkultur kein Problem. Hat einmal ein Schößling keine Wurzeln, braucht man ihn trotzdem nicht wegzuwerfen. Er wird wie eine bewurzelte Pflanze getopft, doch stülpt man über das Pflanzgefäß eine Zellophantüte, um eine höhere Luftfeuchte zu erzeugen. Diese verringert den Wasserverlust der Pflanze, bis sie genügend neue Wurzeln gebildet hat, um entsprechend Feuchtigkeit aufzunehmen.

Gelegentlich werden alte Pflanzen auch noch aus einem anderen Grund unansehnlich. Da die unteren Blätter von Zeit zu Zeit abgestoßen oder vom Zimmerpflanzengärtner entfernt werden, bildet sich ein Stamm. Die Saintpaulie wird langsam zu einem »Bäumchen«. Sobald die Rosette nicht mehr auf dem Topfrand aufliegt und das Stämmchen sichtbar wird, sollte man die Pflanze »niedertopfen«. Dies geschieht, indem man sie austopft, und dann den Wurzelballen ganz oder teilweise abschneidet. Nach dem Eintopfen, das so tief erfolgt, daß die äußeren Blätter wieder auf dem Topfrand liegen, wird, wie oben be-

27

schrieben, für erhöhte Luftfeuchtigkeit gesorgt.

Wer jedoch auf Nummer Sicher gehen will, vielleicht weil es sich um eine besonders rare Sorte oder um ein ausgesprochen schönes Exemplar handelt, der verfährt ganz anders: Zunächst wird eventuell ein weiterer Blattkranz entfernt, damit man auch gut an das Stämmchen herankommt. Dieses wird mit feuchtem Torf umfüttert. Damit das Substrat nicht austrocknen kann, umwickelt man es mit Haushaltsfolie, die oft auf sich selbst haftet. Falls sie nicht halten will, fixiert man die »Verpackung« mit einigen Stecknadeln in der Topferde. Nach einiger Zeit wird der Stamm Wurzeln gebildet haben, und der alte Wurzelballen kann vor dem Umtopfen völlig entfernt werden.

Krankheiten und Schädlinge

Wer seine Saintpaulien im Fachhandel kauft oder sie selbst aus Blattstecklingen heranzieht, der braucht eigentlich keine Angst zu haben, Krankheiten oder Schädlinge einzuschleppen. Da es trotzdem vorkommen kann, daß man von jemand eine Pflanze bekommen hat, die, vielleicht noch gar nicht sichtbar, infiziert war, soll kurz auf die Anzeichen einer Schädigung und auf entsprechende Gegenmaßnahmen eingegangen werden.

Pilzkrankheiten

Glücklicherweise sind Viruskrankheiten bei Gesnerien sehr selten, bei Usambaraveilchen kommen sie eigentlich überhaupt nicht vor. Etwas anderes ist es mit Pilzbefall. **Grauschimmel** *(Botrytis)*, den Schrecken aller Gärtner, findet man auch bei Saintpaulien, allerdings nur, wenn sie unter extremen Bedingungen kultiviert werden. Hierzu gehören zu große Boden- und Luftfeuchtigkeit bei zu niedriger Temperatur, zu geringe Luftzirkulation und zu wenig Licht sowie eine Überdüngung mit Stickstoff. Sind die Klimafaktoren in Ordnung, brauchen Sie keine Angst vor einem Befall mit dem Pilz oder vor seiner Ausbreitung haben. Falls er sich doch einmal einstellt, läßt sich mit einer Spritzung von Benomyl, das es leider nur kiloweise im Handel gibt, noch vieles retten. Handelt es sich aber nicht gerade um die wertvollste Pflanze Ihrer Sammlung oder gar ein Einzelstück, so wird die befallene Pflanze am besten weggeworfen.

Ein größeres Problem ist die **Kronfäule**, denn sie wird meist durch Kulturfehler verursacht, die auch dem erfahrensten Zimmerpflanzengärtner unterlaufen können. Hierzu gehört das Gießen auf die Krone (siehe Seite 23). Auch wenn das Pflanzsubstrat aufgrund mangelhafter Drainage zu stark durchnäßt ist und keine Luft an die Wurzeln läßt, schädigt dies die Pflanze. Schließlich kann es passieren, daß die Pflanze zu tief getopft wurde, so daß die Blattansätze in der Erde stecken. Besonders wichtig ist die Pflanztiefe beim Niedertopfen von Sorten, die Stämmchen gebildet haben (siehe Seite 27).

Wer bereits den Ursachen wehrt, der braucht sich später keine Gedanken über die Bekämpfung der Krankheit zu machen. Erste Anzeichen einer Kronfäule sind, daß die Blätter weich werden und sich an der Stengelbasis von der Krone lösen. Falls die befallene Pflanze gerettet werden soll, topfen Sie diese aus und schneiden die Krone direkt über der Oberfläche des Wurzelballens ab. Kürzen Sie den Stiel soweit ein, daß alles matschige, braune Gewebe entfernt ist und nur noch frischgrünes zu sehen ist. Lassen Sie nur die obersten vier bis sechs Blätter an der Krone, diese soll eine Stunde abtrocknen. Nun wird sie mit einem Fungizid bestäubt und in reines Vermiculite gepflanzt. Das Substrat darf nicht zu naß gehalten werden, und es ist darauf zu achten, daß die Blätter auf dem Topfrand aufliegen und nicht auf dem feuchten Vermiculite. Erst wenn das Stämmchen genügend Wurzeln gebildet hat, wird die Pflanze in eine Erdmischung umgesetzt, die anfangs nicht zu naß gehalten werden darf.

Tierische Schädlinge

Was die Schädlinge betrifft, so müssen wir zwischen denen unterscheiden, die in der Erde leben, und solchen, die auf der Pflanze selbst zu finden sind. Da es sich um Zimmerpflanzen handelt, finden wir im Substrat zwar kaum welche, doch wenn, dann einen der schlimmsten, nämlich **Nematoden**. Diese Würmer (die nicht zur Wurmfamilie gehören!) sind so mikroskopisch klein, daß sie sogar durch die Saughaare der Wurzeln in die Pflanze eindringen können. Sie saugen den Saft aus den Zellen und schädigen diese dadurch irreparabel. Stark befallene Pflanzen sind als verloren anzusehen und dürfen auch nicht auf den Kompost geworfen werden. In gedämpfter Blumenerde sind Nematoden nicht zu finden, doch können sie auch von den Pflanzen selbst übertragen worden sein. Man darf also auch keine Blattstecklinge von befallenen Pflanzen entnehmen! Falls Sie die befallenen Pflanzen nicht eliminieren wollen, was der beste Weg ist, um den Rest der Sammlung vor Ansteckung zu schützen, fragen Sie in Ihrer Samenhandlung nach einem geeigneten Gießmittel.

Leichter zu erkennen sind alle anderen Arten von Schädlingen. Zu diesen zählen Blattläuse, Schmierläuse, Spinnmilben, Springschwänze, Weichhautmilben und die Weiße Fliege. Seltener ist ein Befall mit Thrips. In der Regel werden die Schädlinge mit anderen Zimmerpflanzen eingeschleppt, dies müssen gar keine Gesnerien sein. **Blattläuse** kann man sehr gut mit bloßem Auge sehen. **Schmierläuse** bilden Kolonien, die man sehr leicht erkennt: Die Pflanzen sehen aus, als wären sie mit einem weißgrauen Schimmelpilz überzogen. **Spinnmilben** hingegen sind so winzig, daß man sie mit bloßem Auge kaum feststellen kann. Da sie sich jedoch rasch vermehren, ist bald zu bemerken, daß die Unterseite der Blätter mit einem feinen Gespinst überzogen ist. Die **Weiße Fliege** schließlich ist im Larvenstadium nur schwer auszumachen, doch ist das geflügelte Alttier erst einmal geschlüpft, wird man es sehr schnell bemerken. Bei jeder Berührung der Pflanze fliegt ein ganzer Schwarm dieser Schädlinge empor, um sich kurz darauf wieder auf der Pflanze niederzulassen.

Man kann Läuse auch ohne Chemie sehr wirksam bekämpfen. Dazu gehört das Abwaschen der Blätter mit einer Schmierseifenlauge. Ein weiteres organisches Produkt ist Nikotinbrühe, die man selbst herstellen kann (Zigarettenstummel in Wasser auflösen). Im Handel erhältliche Pyrethrumpräparate, die aus Chrysanthemen hergestellt werden, sind zwar auch natürlichen Ursprungs, aber nur schwer abbaubar. Alle diese Präparate haben den Nachteil, daß sie wiederholt eingesetzt werden müssen, um damit Erfolg zu haben. Dies liegt in der Natur der Insekten, die verschiedene Entwicklungstadien vom Ei über die Larve bis zum fertigen Insekt durchlaufen. Eier werden vom Insektizid nicht vernichtet, so daß auch an einer gespritzten Pflanze noch Schädlinge auftreten können.

Wer chemische Mittel gegen saugende und beißende Insekten einsetzen will, kann die üblichen Zimmerpflanzensprays verwenden. Blattschäden treten bei vorschriftsmäßiger Anwendung nicht auf. Allerdings sollte man nicht im Wohnzimmer sprühen, sondern in einem wenig benützten Raum oder, wenn es die Temperaturen zulassen, im Freien. Wir verwenden zur Bekämpfung von Läusen und Spinnmilben »Pflanzen-Paral« in Form von Zäpfchen, die in die Erde gesteckt werden. Beim Gießen wird das darin enthaltene Gift aufgelöst und direkt den Leitungsbahnen der Pflanze zugeführt. Beim Saugen nimmt das Insekt den Wirkstoff auf; auch Tiere, die erst noch aus den Eiern schlüpfen, werden auf diese Art vernichtet. **Springschwänze** und **Weichhautmilben** sind mehr ein Problem des Erwerbsgartenbaus, ebenso wie **Thripse**. Alle diese »Untiere« finden nur selten den Weg in unsere Wohnstuben, weshalb hier auf die Bekämpfung nicht näher eingegangen wird. Die Informationsblätter der Landwirtschaftsämter zur entsprechenden

Schädlingsbekämpfung sind den Gärtnern sicher bekannt. Der Hobbygärtner wird stark befallene Pflanzen einfach wegwerfen und eventuell versuchen, seltenere Exemplare durch Blattstecklinge zu retten. Damit zumindest die Symptome bekannt sind, sollen diese kurz erwähnt werden: Weichhautmilben erkennt man daran, daß die jungen Blätter der Pflanzen übermäßig stark behaart sind und gelblich aussehen. Etwas größere Blätter zeigen längliche Narben auf der Blattoberseite. Der Thrips hingegen schädigt die Blüten, oft kommen diese gar nicht zur vollen Entwicklung. Ein sicheres Anzeichen für Thripsbefall ist, wenn Blütenstaub auf den Blüten liegt. Tippt man die Staubgefäße leicht an, dann bewegt sich der Thrips, der dem Ausrufezeichen (!) einer Schreibmaschine ähnelt, auf den Blüten.

Schließlich müssen wir aber doch noch auf die **Weiße Fliege** oder Mottenschildlaus eingehen, da diese mittlerweile wieder vermehrt bei Zimmerpflanzen auftritt. Besonders wer auch Fuchsien kultiviert, muß damit rechnen, daß eine dieser Fliegen den Weg zu den Saintpaulien findet. Wie bereits beschrieben, läßt sich ein Befall sehr leicht feststellen. Besonderen Schaden verursachen die Larven dieser Tiere, die an den Blättern saugen. Auf ihren Ausscheidungen, dem Honigtau, siedeln sich Schwärzepilze an, die die Pilze zusätzlich schädigen. Allerdings ist eine Bekämpfung nicht sehr schwierig, fast jedes handelsübliche Zimmerpflanzenspray bekämpft dieses Insekt.

Generative und vegetative Vermehrung

Als generativ bezeichnet man die Vermehrung dann, wenn sie eine Generationsfolge durchläuft. Man kann es aber auch einfacher sagen: Generative Vermehrung ist die Nachzucht aus Samen. Sie sollten jetzt aber nicht dem Irrglauben unterliegen, daß Sie eine besonders schöne Sorte auf diese Weise weitervermehren könnten, denn die Nachkommen einer Hybride,

auch wenn sie mit sich selbst gekreuzt wurde, unterscheiden sich stets von dieser. Will man von einer Pflanze eine völlig identische Serie von weiteren Saintpaulien nachziehen, so vermehrt man die Pflanze vegetativ, also durch Pflanzenteile. Da dies der für den Hausgebrauch übliche Weg ist, wollen wir mit dessen Beschreibung beginnen. Die Nachzucht aus Samen hingegen wird dem (Hobby-)Züchter vorbehalten sein.

Stecklingsvermehrung

Sei es nun, daß Sie eine Ihrer Sorten an einen guten Freund oder Bewunderer Ihrer Sammlung weitergeben wollen, oder daß Sie selbst ihre Sammlung erweitern möchten, in beiden Fällen benötigen Sie einen **Blattsteckling**. Im ersten Fall werden Sie diesen selbst schneiden, im zweiten Fall lassen Sie ihn sich aus England oder den USA schicken. In Deutschland ist uns keine Quelle bekannt, wo man einzelne Blätter erwerben kann. Hier kommt es höchstens vor, daß man mit Gleichgesinnten tauscht, deren Anzahl aber gering ist. (Vielleicht hilft dieses Buch, die Aktivität in dieser Richtung etwas zu fördern.)

Wenn Sie gerade kein Messer zur Hand haben (oder es unschicklich ist, dieses zu verwenden, da im Restaurant hinter Ihnen auf der Fensterbank eine tolle neue Sorte steht), so genügt es, einen Stiel nebst dem daran sitzenden Blatt mit dem Daumennagel abzuknipsen. Wichtig ist, ein gesundes, kräftig entwickeltes Blatt zu entnehmen. Schneiden Sie den Stiel ruhig so lang, wie es geht, er wird erst vor dem Pflanzen eingekürzt. Wenn das Blatt zum Versand kommt, so wird das Stielende mit etwas feuchter Watte oder Küchenrollenpapier eingewickelt und mit Alu- oder Frischhaltefolie eingeschlagen, damit es nicht austrocknet. Aus diesem Grund steckt man es bei längeren Reisen mit der Post auch noch in ein Plastiktütchen. Einen bestimmten Zeitpunkt für die Stecklingsvermehrung gibt es nicht. Im Winter geht die Entwicklung etwas langsamer vor sich, man wird also zu diesem Zeitpunkt die Blätter nicht auf Reisen schikken.

Wenn Sie sich aus dem Ausland Blattstecklinge schicken lassen, so packen Sie diese sorgfältig aus und trimmen das untere Ende des Stieles. Es wurden schon erregte Diskussionen darüber geführt, ob der Stiel keilförmig, V-förmig, schräg oder gerade abgeschnitten sein soll, damit er möglichst viele Schößlinge hervorbringt. Nach unserer Ansicht ist dies ein Streit um des Kaisers Bart, wir schneiden ihn in der Regel leicht schräg von der Oberseite des Blattes weg. Die Länge sollte etwa 4 cm betragen, gerät er einmal kürzer, ist dies auch nicht schlimm. Ist der Stiel völlig abgebrochen, so braucht man ebensowenig zu verzweifeln. Man schneidet das Blatt zur Hälfte von beiden Seiten bis zur Mittelrippe hin ein und entfernt das am unteren Teil sitzende Blattgewebe. Die verbleibende Mittelrippe ergibt einen »falschen« Stiel.

Verwenden Sie keine Bewurzlungshormone. Diese mögen ihre Berechtigung bei verholzten Stecklingen haben, bei Usambaraveilchen haben wir keine Beschleunigung der Bewurzlung feststellen können. Eher das Gegenteil war der Fall. Die »Showmaster« unter den *Saintpaulia*-Züchtern mischen eigens Anzuchtsubstrate, die zur Hälfte aus Vermiculite und zur anderen Hälfte aus Kiessand bestehen. Wir verwenden die übliche Pflanzenerde, in die wir auch unsere ausgewachsenen Usambaraveilchen setzen. Allerdings machen wir sie durch eine etwas größere Zugabe von Kiessand besonders luft- und wasserdurchlässig.

Da dieses magere Substrat etwas leichter austrocken kann, zumal es sich in wesentlich kleineren Töpfen befindet als bei ausgewachsenen Pflanzen, kommen die Stecklinge in ein **»Zimmergewächshaus«**. Dies ist eine Schale mit einer lichtdurchlässigen Abdeckhaube, unter der sich rasch hohe Luftfeuchtigkeit bildet. Beschlägt die Haube jedoch zu sehr mit Wassertröpfchen, so wurde zuviel gegossen. In diesem Fall ist die Haube für 24 Stun-

den zu entfernen, bis die Bodenfeuchtigkeit auf ein erträgliches Maß gesunken ist. Es darf als Selbstverständlichkeit angesehen werden, daß man das Gewächshaus nicht in die volle Sonne stellt, weil sonst die Temperaturen im Inneren zu sehr ansteigen. Warm sollte man es aber schon aufstellen, am besten auf einem hellen Fensterbrett, unter dem sich eine Heizung befindet. Keinesfalls geeignet sind kühle Räume mit weniger als 20 °C Temperatur. Dort können Schimmelpilze die Blätter vernichten, bevor sich Jungpflanzen gebildet haben.

Wer kein Zimmergewächshaus oder keinen Platz für ein solches hat, der hilft sich, indem er ein Glas über das Blatt stülpt. Auch hier gilt es auf die richtige Boden- und Luftfeuchtigkeit zu achten. Tropf-

Ein Zimmergewächshaus oder eine Folientüte über dem Steckling beschleunigt die Bildung von Wurzeln und Jungpflanzen.

wasser kann sehr leicht die Blätter schädigen und zu Fäulnis führen. Macht sich diese auf dem Blatt bemerkbar (dort meist an den Rändern), so wird die befallene Stelle, die braun und matschig ist, mit einem scharfen Messer entfernt.

Hat man ein zu altes Blatt verwendet, so kann sich die **Wurzelbildung** hinauszögern, doch bei einem, das sich in vollem Wachstum befindet, setzt sie bereits nach zwei Wochen ein. Die Jungpflanzen benötigen noch einmal mindestens die gleiche Zeit, bis sie aus der Erde spitzen. Da das Wachstum von vielen Umweltfaktoren abhängt, kann man keine feste Zeitspanne bis zur vollen Entwicklung der neuen

Pflanzen geben. Nach vier bis sechs Wochen jedoch sind in den meisten Fällen Ihre Bemühungen mit Erfolg gekrönt. Wenn sich bis dorthin nichts rührt, brauchen Sie dennoch nicht zu verzagen, denn ein Blatt, das dann noch am Leben ist, hat mit Sicherheit Wurzeln gebildet und wird auch irgendwann austreiben.

Bei panaschierten Blättern ist die Entwicklung sorgfältig zu verfolgen. Denn hier dürfen die Jungpflanzen nicht abgenommen werden, bevor sich in den Blättern Chlorophyll (Blattgrün) zeigt. Mit kleinen Düngergaben, die einen hohen Stickstoffanteil enthalten, kann man diesen Jungpflanzen in ihrer Entwicklung beistehen. Bei grünblättrigen Sorten ist dies nicht notwendig, da sie nicht sehr lange auf ihr »Mutterblatt« angewiesen sind, sondern sich bald selbst ernähren können. Deshalb besteht auch keine Notwendigkeit, beim Teilen der Pflänzchen wenigstens an einem das alte Blatt zu belassen, es kann völlig entfernt werden. (Falls es noch einen sehr kräftigen Eindruck macht, kann man es sogar wiederverwenden, wenn der Blattstiel unbeschädigt geblieben ist.)

Der Zeitpunkt der **Abnahme** richtet sich nicht so sehr nach der Größe der Pflänzchen, denn diese kann variieren zwischen 2 und 4 cm. Richten Sie sich statt dessen nach der Anzahl der neu gebildeten Blättchen, sechs bis acht sollten es schon sein. Saintpaulien sind übrigens sehr produktiv, wir haben einmal aus einer Lieferung von 32 amerikanischen Blättern über 270 Jungpflanzen gezogen — Platzprobleme sind vorprogrammiert. Dies heißt also, daß ein Blatt mehrere Jungpflanzen hervorbringt, und diese müssen geteilt werden.

Seien Sie dabei sehr behutsam! Entfernen Sie zunächst die Erde vom Wurzelballen des Mutterblattes, so gut es geht. Sie sehen dann, wo die Jungpflanzen an diesem festgewachsen sind. Man kann sie vorsichtig mit der Hand abbrechen oder mit einem Messer oder gar einer Schere abschneiden. Jedes dieser Pflänzchen müßte bereits seinen eigenen kleinen

Unten:
An Blattstecklingen bilden sich oft Klumpen neuer Pflanzen. Diese müssen rechtzeitig geteilt werden, um bei den Einzelpflanzen regelmäßige Rosettenbildung zu erzielen.

Wurzelballen besitzen. Pflanzen ohne Wurzeln sollten weggeworfen werden, die Aufzucht bleibt sowieso in den meisten Fällen erfolglos. Bei Raritäten empfiehlt es sich also, mit dem Teilen möglichst lange zu warten, bis man absolut sicher ist, daß nichts mehr schiefgehen kann. Wartet man zu lange, entwickeln sich die Pflanzen zunächst einseitig, dies kann aber später korrigiert werden.

Beim **Vereinzeln** setzen wir die Pflänzchen in 4-cm-Töpfe. Denken Sie daran, daß diese viel schneller austrocknen als große Gefäße! Regelmäßiges Gießen ist also notwendig. Die Saintpaulien können in diesen kleinen Töpfen bis zur vollen Entwicklung, also der ersten Blüte, bleiben. Diese setzt oft bereits drei Monate nach dem Verpflanzen ein. Man kann dem Wachstum der Jungpflanzen mit gezielten, aber nicht zu stark konzentrierten Düngergaben nachhelfen. Im Gegensatz zur Ernährung ausgewachsener Pflanzen darf der Dünger durchaus einen etwas höheren Stickstoffanteil besitzen (siehe Seite 24). Mit der Düngung beginnt man frühestens vier Wochen nach der Abnahme vom Mutterblatt.

Sehr oft werden Stecklinge von Zimmerpflanzen in Wasser bewurzelt. Selbstverständlich geht dies auch bei Saintpaulien, nur müssen Sie einiges beachten. Nur der Stiel, nicht das Blatt darf ins Wasser getaucht werden. Dies erreicht man, indem man über ein leeres Marmeladenglas, das man zuvor bis 1 cm unter den Rand mit Wasser gefüllt hat, ein Stück Alu- oder Frischhaltefolie zieht. Mit einem spitzen Bleistift werden Löcher hineingebohrt, durch die die Stiele der Blätter gesteckt werden. Zweierlei sollte man aber bedenken: Zum einen ist die Gefahr der Fäulnis in Wasser viel größer als in Erde. Zum anderen müssen die Blätter nach der Wurzelbildung sowieso in ein Kultursubstrat umgepflanzt werden. Mag es auch sein, daß die Wurzelbildung in Wasser eventuell rascher vor sich geht, der Arbeitsaufwand ist der doppelte.

Wer eine Sammlung aufbaut, der ist gezwungen, seine Pflanzen zu etikettieren.

Nun müßten entweder die Etiketten so schmal sein, daß man sie zwischen die Blätter stecken kann, oder so kurz, daß sie nicht über den Topfrand ragen. Denn lange, breite Etiketten drücken entweder die Blätter auseinander oder verletzten sie. In beiden Fällen wird der Aufbau einer gleichmäßigen Rosette behindert. Auf schmale Etiketten kann man nicht viel schreiben, zumindest nicht, wenn man den relativ breiten EDDING 750 verwendet. Doch ist dies der einzige wirklich lichtechte Stift, den wir kennen. Wir helfen uns, indem wir 20 cm lange und 3 cm breite Etiketten in der Mitte halbieren und so weit in den Topf schieben, daß sie nicht über den Rand hinausschauen. Dies ergibt auf dem Fensterbrett eines Wohnzimmers auch ein etwas ästhetischeres Bild als der übliche Schilderwald.

Vermehrung durch Aussaat

Nun kommen wir zur generativen Vermehrung, was zugleich einen Exkurs über die Züchtung der Usambaraveilchen mit sich bringt. Da man kaum Samen im Handel angeboten bekommt, muß man ihn selbst gewinnen. In den seltensten Fällen wird man hierbei eine Pflanze mit sich selbst kreuzen, dies führt zu schlechten Ergebnissen. Statt dessen sucht man sich zwei Sorten mit hervorragenden Eigenschaften und versucht von diesem Elternpaar außergewöhnliche Nachkommen zu gewinnen. Der eine Elternteil kann besonders schönes Laub haben und sehr reichblühend sein, beim anderen sind vielleicht die Blüten ausgesprochen groß und kräftig in der Farbe. Der Züchter erwartet dann Pflanzen, die alle diese Pluspunkte in sich vereinen.

Wie geht man also vor? Zunächst einmal müssen bei beiden Elternteilen geöffnete Blüten vorhanden sein. Dabei sollte man wissen, daß der Blütenstaub eher reift als die Eizellen. Dies verhindert die bereits als ungünstig bezeichnete Selbstbestäubung. Während also der Blütenstaub gleich nach dem Öffnen der Blüte

Linke Seite: Jungpflanzen aus Blattstecklingen 15 Wochen nach dem Stecken. Rechts eine panaschierte Sorte mit fortschreitender Entwicklung des Blattgrüns.

verwendet werden kann, muß man sich zur **Bestäubung** eine Blüte aussuchen, die bereits drei bis vier Tage geöffnet ist. Fertilen Blütenstaub erkennt man daran, daß er gelb und pudrig ist. Bei Saintpaulien jedoch sind die Pollensäcke so fest geschlossen, daß wir sie mit einer Rasierklinge öffnen müssen. (Wem die Begriffe Pollen, Narbe, Griffel, Fruchtknoten usw. nicht geläufig sind, der möge sich bitte die entsprechende Abbildung auf Seite 18 ansehen.)

Haben Sie noch keine geeignete Blüte zur Bestäubung gefunden, so kratzen Sie den Blütenstaub mit einem spitzen Messer aus den Säcken heraus auf ein Blatt Papier. Dieses kann zusammengefaltet aufgehoben werden, um die Pollen erst bei Bedarf mit einem Pinsel auf die Narbe des Stempels aufzutragen. Einfacher ist es, wenn bereits eine drei bis fünf Tage alte Blüte auf die Bestäubung wartet. In diesem Fall wird der Pollensack mit der Rasierklinge zweigeteilt und eine Hälfte davon mit einer Pinzette genommen. Die Pollen können direkt an der Narbe einer anderen Blüte abgestreift werden. Solange noch Blütenstaub vorhanben ist, können auch mehrere Stempel nacheinander eingepudert werden.

Ob Ihre Bemühungen von Erfolg gekrönt sind, merken Sie, wenn die Blütenblätter welk werden und abfallen. Zu diesem Zeitpunkt ist nämlich der Fruchtknoten bereits etwas geschwollen. Während man sonst alles Verblühte mit dem Daumen abknipst, muß hier natürlich die Frucht bis zur völligen Reife am Stiel sitzenbleiben. Wenn es nicht geklappt hat, vielleicht weil die Mutterblüte zu jung oder zu alt war, so wird der gesamte Stiel eintrocknen und sich von der Pflanze lösen. Profis unter den Züchtern führen genau Buch über ihre Kreuzungen und werden diese vielleicht sogar registrieren. Doch da diese vermutlich sowieso Mitglieder in einer der im Anhang genannten Liebhabergesellschaften sind, soll auf diese Prozedur nicht eingegangen werden.

Nach sechs bis acht Wochen wird sich die Frucht zu einer kleinen Beere entwikkelt haben, die mitunter auch etwas länglich sein kann. Beginnt der Stiel, an dem die Frucht sitzt, eines Tages zu welken, so erschrecken Sie nicht, dies ist ein völlig normaler Vorgang. Die Saftzufuhr zur Samenkapsel wird unterbrochen, diese trocknet jetzt aus und wird ebenfalls braun. Wenn sie dieses Stadium erreicht hat, ist sie reif. Seit dem Zeitpunkt der Bestäubung sind vier bis sechs Monate vergangen. Sie wissen ja bereits, daß man auch auf vegetativem Weg sehr schnell zu einer großen Anzahl von Pflanzen kommen kann. Rechnen Sie mit Platzproblemen, falls alle Ihre Samen aufgehen! Eine einzige Samenkapsel kann zwischen 200 und 1000 Samen enthalten. Dieser ist so staubfein, daß auf ein Gramm 750 000 Korn kommen. (Zum Vergleich: Unsere heimischen Veilchen bringen es nur auf 20 000 Korn.)

Zum Öffnen der Samenkapsel benötigen Sie wieder eine Rasierklinge. Man kann die Samen sofort aussäen oder lagern, wenn zum Beispiel die Ernte in den Winter fiel und man erst im Frühjahr mit der Aufzucht beginnen möchte. Auch nach vier Jahren beträgt die Keimquote der Saintpaulien noch 70 Prozent. So schickte die Firma Holtkamp, die auch in den USA ihren Sitz hat, im Jahre 1984 20 000 Samen in den Weltraum. Ziel des Unternehmens war es, festzustellen, ob sich durch die Strahlung und die Schwerelosigkeit im Weltraum die Gene der Pflanzen verändern. Der Versuch sollte bereits nach einem Jahr abgeschlossen sein, doch unglücklicherweise dauerte es bis 1990, bis die Samen zurück auf der Erde waren. Dennoch keimten davon einige Tausend, so daß die »Weltraumbabys« zum hundertjährigen Jubiläum dem Publikum vorgestellt werden konnten.

Da die Sämlinge wirklich ausgesprochen winzig sind, können sie leicht einem Pilz zum Opfer fallen, wenn bei der **Aussaat** nicht sauber gearbeitet wird. Gedämpfte Erdmischungen oder fertig gekaufte Substrate sind zu empfehlen. Auch die Aussaat in reines Vermiculite ist möglich. Um eine gleichmäßige Verteilung des

»Samenstaubes« im Aussaatgefäß zu erreichen, kommt er auf ein gefaltetes Blatt Papier, gegen das man behutsam mit den Fingern klopft, so daß die Samen über den Blattrand fallen. Sie werden nicht mit Erde bedeckt, sondern lediglich mit einem Zerstäuber besprüht, so daß die Wassertröpfchen den staubfeinen Samen in die Poren der Erde ziehen. Stellen Sie die Samenschalen auf ein helles, aber nicht sonniges Fensterbrett in einem geheizten Zimmer. (Profis haben ein Gewächshaus und schützen ihre Sämlinge mit einem Blatt Transparentpapier vor den Sonnenstrahlen.) Die Tagestemperatur sollte nicht unter 17 °C absinken, die optimale Keimtemperatur liegt in etwa bei 21 °C. Die Keimung erfolgt etwas ungleichmäßig, bei frischem Samen sollte aber bereits nach vier Wochen etwas zu sehen sein. Saintpaulien sind wie alle Gesnerien zweikeimblättrig, dies heißt, es zeigen sich zwei (Keim-)Blätter. Während eines davon sein Wachstum einstellt und langsam zu welken beginnt, entwickelt sich das andere weiter zu einem Laubblatt.

Sobald die **Keimung** begonnen hat, sollte, falls ein Zimmergewächshaus verwendet wurde, was konstante Luftfeuchtigkeit bedeutet, die Haube abgenommen werden, damit Luft an die Blätter kommt. Denn durch zuviel Feuchtigkeit können sie geschädigt werden. Sprühen Sie statt dessen mit lauwarmem Wasser, und geben Sie den Jungpflanzen Gelegenheit, immer wieder abzutrocknen. Haben Sie vor allem Geduld! Auch wenn die Sämlinge nur langsam wachsen und relativ eng stehen, pikieren Sie nicht zu früh. Einen halben Zentimeter Durchmesser sollten sie schon haben, bis man gefahrlos mit ihnen hantieren kann. Einige Sämlinge werden immer auf der Stecke bleiben; diesen Verlust muß man von vornherein akzeptieren.

Der Sinn des **Pikierens** liegt darin, jeder einzelnen Pflanze genügend Raum zur Entwicklung zu geben. Ob Sie hierzu Pikierschalen verwenden, oder, falls der Platz auf dem Fensterbrett nicht reicht,

große Blumentöpfe, spielt keine Rolle. Setzen Sie deshalb die Jungpflanzen in Abständen von etwa 1,5 cm Entfernung voneinander. Ein größerer Abstand hat sich als nachteilig erwiesen, vielleicht mögen Usambaraveilchen den Kontakt untereinander? Falls die Sämlinge in einem künstlichen Substrat wie Vermiculite großgezogen wurden, so sollten sie jetzt in eine Erdmischung gesetzt werden.

Erst wenn die kleinen Pflanzen wiederum anfangen, sich gegenseitig zu bedrängen, ist es an der Zeit, sie einzeln in kleine Töpfe zu verpflanzen. Es braucht wohl nicht noch einmal betont zu werden, wie behutsam mit diesen kleinen Geschöpfen umgegangen werden muß. Oft bilden bereits die kleinen Pflanzen »Sucker«, man muß diese dann vorsichtig von der »Mutterpflanze« abnehmen, die dabei nicht ver-

Der Weg von der Bestäubung bis zur Aussaat. Eine Glasscheibe oder Folie über dem Aussaatgefäß sorgt für bessere Keimung.

35

letzt werden sollte. Lieber riskiert man es, daß der Ableger weggeworfen werden muß. Beläßt man die Schößlinge hingegen an der Pflanze, wächst diese einseitig und wird nie eine »Showpflanze« werden, wie dies im nächsten Kapitel beschrieben wird.

Allzu lange brauchen Sie auf Ihre Züchtungsergebnisse nicht zu warten, denn bereits nach sechs bis sieben Monaten können Sie mit einer ersten Blüte rechnen. Es ist auch keinesfalls nötig, die ersten Blüten auszuzwicken, damit die Pflanze rascher und kräftiger heranwächst. Die Jungpflanze darf sich ruhig in voller Pracht entfalten. Lediglich die Blütenstiele sind (oder wirken) in diesem Stadium noch etwas überproportional lang. Bis zur nächsten Blüte wird die Pflanze zur normalen Größe herangewachsen sein. Falls Sie zwei in Form und Farbe sehr unterschiedliche Elternteile gekreuzt haben, werden die Nachkommen ein großes Spektrum unterschiedlicher Pflanzen zeigen. Professionelle Gärtner werden einige davon für die erwerbsmäßige Weiterkultur heraussuchen, der Hobbygärtner hingegen wird sich ganz einfach über seine gelungene Arbeit freuen.

Wie man eine Showpflanze heranzieht

Was bei beiden die gleiche Absicht sein dürfte: Die Pflanze, gleichgültig ob vegetativ oder generativ vermehrt, soll sich stets von ihrer besten Seite zeigen. Mag auch die Überschrift dieses Abschnittes suggerieren, daß man die nachfolgende »Sonderbehandlung« nur Pflanzen angedeihen lassen sollte, die für Ausstellungen vorgesehen sind, so ist doch der innigste Wunsch eines jeden Usambaraliebhabers, auch auf dem Fensterbrett solche Prachtexemplare stehen zu haben. Deshalb einige Tips, wie Sie zu solchen gelangen.

Es dauert ungefähr drei Monate, um zu einer optimal blühenden Pflanze zu kommen. Starten Sie Ihr »Aufbauprogramm«, indem Sie die Pflanze, falls nötig, erst einmal umtopfen. Wie bereits gesagt, sollte die Topfgröße ein Drittel des äußersten Blattkranzes betragen. Zeigt die Saintpaulie bereits erste Anzeichen einer Stammbildung, muß sie etwas tiefer gesetzt werden. Blätter, die den gleichmäßigen Aufbau einer Rosette stören, werden entfernt. Danach kann die Pflanze »geduscht« werden, um alle Erdkrümel oder den Staub auf den Blättern zu entfernen. Wer gleich richtig loslegen will, läßt seiner Pflanze auch noch eine Blattdüngung angedeihen. Man verwendet dafür normalen Zimmerpflanzendünger, der nicht in die Gießkanne, sondern in den Zerstäuber kommt.

Falls sich nach zwei Wochen bereits Knospen zeigen, entfernen Sie diese. Ausgenommen sind hierbei Miniatursorten und Trailer. Jetzt erfolgt die erste »Düngerspritze« mit einem regelrechten »Geschoß«, einem Blütendünger mit möglichst hohem Phosphatanteil. Empfohlen werden Mischungen von 5:50:17 oder 12:55:6, wie sie bei uns in Deutschland wohl kaum zu bekommen sind. (Knochenmehl dagegen hat hohe oder reine Phosphatanteile!) Amerikaner tun sich hier leicht, sie bekommen spezielle »Super-African-Violet-Dünger« im Handel zu kaufen. Dosieren Sie den Dünger nur gering, denn das Düngerprogramm wird während der nächsten Wochen fortgesetzt. Wichtig ist auch eine Steigerung der Lichtmenge bei einer Kultur mit Kunstlicht. Ansonsten bietet sich speziell das Frühjahr zum Forcieren an.

Die Düngung wird nun wöchentlich wiederholt. Nach vier Wochen werden abermals die Blütenknospen ausgezwickt. Für gefülltblühende oder panaschierte Pflanzen ist dies das letzte Mal. Auch muß man kontrollieren, ob keine Schößlinge den symmetrischen Aufbau der Rosette stören. Diese müssen ausgezwickt werden. Nach fünf sowie sechs Wochen wird die Lichtdauer nochmals um je eine Stunde gesteigert. Bei halbgefüllten Sorten werden nach fünf, bei einfachblühenden nach sechs Wochen das letzte Mal die Blütenknospen entfernt.

Die Blätter werden noch einmal gewaschen, auch kann eine abschließende Blattdüngung aufgesprüht werden.

Die Hälfte der Zeit ist vorbei, jetzt beginnt der Countdown: Wechseln Sie bei den (minimalen) wöchentlichen Düngergaben vom Blütendünger zu einem »normalen« Zimmerpflanzendünger wie Mairol, Substral oder Etisso (14:12:14 oder ähnlich). Stets sollten Sie daran denken, daß ein Zuviel an Nährstoffen mehr schadet als nützt! Nach soviel des Guten müßte Ihr Usambaraveilchen mittlerweile dermaßen in Blüte stehen, daß Sie eigentlich auf jeder Ausstellung einen Preis damit gewinnen könnten.

Pflanzgefäße

Wenn Sie »nur« ihr Heim damit verschönern wollen, so ist dies natürlich genauso reizvoll. Die Verschönerung werden allenfalls die grauen oder schwarzen Kunststofftöpfe auf dem Fensterbrett stören, so daß man sie wohl in Übertöpfe stellen wird. Seien Sie bei bunten Töpfen vorsichtig in der Wahl der Farben, damit sie mit den Blüten harmonieren. Keine Probleme gibt es mit weißen Gefäßen, die in vielerlei Formen angeboten werden. Ein ausgefallener Übertopf und eine nicht alltägliche Saintpauliensorte werden sicher das Augenmerk eines jeden Besuchers auf sich lenken.

Beim Gießen sollte man vorsichtig sein. Denn während man bei Untersetzern leicht feststellen kann, wieviel überschüssiges Wasser das Pflanzsubstrat abgegeben hat, kann man nicht durch die Wand eines Porzellangefäßes schauen. Wenn sich Tag für Tag etwas mehr Gießwasser in diesem sammelt, kann sehr leicht eine nicht gerade angenehm riechende Brühe daraus werden. Zudem bekommt es keinem Usambaraveilchen, die ganze Zeit mit den »Füßen« im Wasser zu stehen. Da wir bereits von der Kapillarwirkung der Erde gehört haben, kann man mit dem nächsten Gießen ruhig warten, bis die Oberfläche wieder abgetrocknet ist.

Saintpaulia-Hybride 'China Pink'. Passende Übertöpfe unterstützen die Wirkung der Pflanzen.

Die Tatsache, daß die Pflanzsubstrate Wasser aufsaugen, kann man sich für den Urlaub zunutze machen. Wer nur für eine Woche verreist, der braucht lediglich so viel Wasser in seine Übertöpfe zu geben, daß es etwa fingerhoch darin steht. Zwei bis drei Tage im Nassen zu stehen, schadet den Pflanzen nicht, den Rest der Woche dauert es, bis die Erde ausgetrocknet ist. Im Sommer wird man allerdings die Fenster schattieren müssen, denn zuviel Sonne würde den Verdunstungsprozeß erheblich beschleunigen. Wer länger verreist und niemanden hat, der das Gießen während der Ferienzeit übernimmt, der ist auf Tröpfchenbewässerungssysteme angewiesen. (Im Versandhandel unter anderem erhältlich bei Manfred Meyer, W-6368 Bad Vilbel-Heilsberg).

Da durch den Urlaub der Geldbeutel meist schon strapaziert wird, kann man sich eine Langzeitbewässerung basteln: Man stellt seine Pflanzen neben ein Gefäß, das randvoll ist mit Wasser. In dieses taucht man einen Streifen eines fließartigen Stoffes (manche Fachbücher empfehlen auch Wollfäden, die aber nicht so saugfähig sind). Damit das Gewebe nicht hochschwimmt, wird er am Ende mit einem Stein beschwert. Das andere Ende wird im Substrat der zu bewässernden Pflanze vergraben oder einfach mit einem Messer zwischen Topfwand und Erde geschoben. Die Pflanze bedient sich nun über längere

Zeit hinweg wie mit einem Strohhalm vom kühlen Naß, ertrinken kann sie hierbei nicht.

Doch kommen wir zurück zu den Pflanzgefäßen. Liebhabern der Hydrokultur dürfte bereits aufgefallen sein, daß in den Gartencentern kaum Saintpaulien in entsprechenden Gefäßen angeboten werden. Doch dies ist eine einfache Kosten-Nutzen-Rechnung, die die Gärtner hier machen. Es rentiert sich nicht, eine Pflanze, die möglicherweise nur einen Warenwert von 2,95 DM hat, in ein 10,– oder 15,– DM teures Pflanzgefäß zu setzen. Hydrokultur-geeignet sind Usambaraveilchen allemal. Dies zeigen auch die Großcontainer in Büroräumen, wo man Saintpaulien in Mengen als Bodendecker des Blähtons verwendet, in dem größere Zimmerpflanzen wie *Dieffenbachia, Philodendron, Dracaena* oder Zimmerpalmen stehen.

Hiermit wurde bereits angedeutet, daß man Saintpaulien mit den meisten anderen Zimmerpflanzen problemlos kombi-

nieren kann, und zwar sowohl, was die Kultur betrifft, als auch den optischen Eindruck. Weniger verwenden wird man Usambaraveilchen als Partner von Pflanzen, die selbst wunderschöne Blüten haben, wie etwa die Orchideen. Alles aber, was unter dem Begriff »Blattpflanzen« eingeordnet wird, kann mit Saintpaulien kombiniert werden. Dies kann ein kriechender Efeu genauso sein wie die kleinbleibenden Arten des Zwergpfeffers *(Peperomia)*, der Kanonierblumen *(Pilea)* oder der hierzu verwandten *Pellionia.*

Afrikanische Veilchen als Unterpflanzung eines Epiphytenstammes mit südamerikanischen Tillandsien zu verwenden, ist zwar ein botanischer Stilbruch, optisch ist es durchaus möglich. Selbstverständlich kann man auch südamerikanische und afrikanische Gesnerien zusammenpflanzen. Denkbar ist als Muttertagsgeschenk ein Körbchen mit einer rotblühenden Gloxinie *(Sinningia)*, einem blauen oder purpurfarbenen Usambaraveilchen sowie einem kleinen Efeu. Wer ein regelrechter Gesneriensammler ist, der wird vielleicht sogar ein komplettes Blumenfenster mit seinen Lieblingspflanzen anlegen. Warum soll man eigentlich nicht das, was in der Natur meilenweit voneinander entfernt wächst, zu Hause zusammenbringen? Wichtig ist nur, daß die Farben der jeweils gleichzeitig blühenden Pflanzen miteinander harmonieren. Hierfür braucht man aber nicht wie ein Gartenarchitekt einen Pflanzplan, durch Umstellen der Töpfe ist das Gesamtbild schnell neu arrangiert.

Das Usambaraveilchen setzt durch seinen Blütenreichtum einen farbigen Akzent in diesem harmonischen Arrangement.

Die deutschen Marktsorten

Machen Sie sich doch einmal den Spaß und fragen in Ihrem Blumenladen oder im Gartencenter nach dem Sortennamen der Saintpaulie, die Sie gerade kaufen. In 90 Prozent der Fälle wird diesen der Verkäufer nicht wissen. Usambaraveilchen sind Massenware, die gern gekauft und verschenkt werden. Wichtig ist das Aussehen, nicht aber der Name. Das ist zwar richtig, rechtfertigt aber nicht, daß das Sortiment meist sehr einseitig ist. Falls Sie wieder einmal eine Sorte kaufen wollen und die »Auswahl« aus dem üblichen »Einheitsblau« besteht, so lassen Sie Ihren Gärtner wissen, daß Sie gelesen haben, welche Sortenvielfalt es gibt. (Vielleicht findet dieses Büchlein dann einen weiteren Käufer.) Schade ist nur, daß sich das Angebot auf den Großhandel beschränkt, Sie als Endverbraucher können die nachfolgend aufgeführten Sorten in den seltensten Fällen selbst beziehen. Die Erfahrung aber zeigt, daß bei entsprechender Nachfrage auch mehr Sorten angeboten werden. Hinzugefügt werden muß noch, daß die Auflistung keinen Anspruch auf Vollständigkeit erhebt und das Angebot im Jahr 1992 widerspiegelt.

Verkauft werden die Sorten in sogenannten »Serien«, die dann auch auf die Herkunft der Pflanzen, das heißt den Zucht- oder Vermehrungsbetrieb, schließen lassen.

Ballett-Sorten
(Fischer)

Der Name »Ballett« ist ein eingetragenes Warenzeichen der Firma Arnold Fischer, und viele der Züchtungen sind zum Sortenschutz angemeldet. Dies heißt, daß sie nicht einfach nachgebaut werden dürfen, was aber nur den Gärtner und nicht den Liebhaber betrifft. Das Sortiment ist eingeteilt in das Mini-, das Medi- und das »normale« Sortiment. Wir vollziehen dies hier nach.

Mini-Sortiment:
'Anni', einfache, weiße Blüten,
'Cherry', einfache, kirschrote Blüten,
'Debby', einfache, dunkelblaue Blüten,
'Loni', leicht gefüllte, hellblaue Blüten,
'Nicki', einfache, dunkelblaue Blüten mit weißem Rand,
'Rapunzel', stets einfach blühend, aber unter folgenden Farbbezeichnungen im Handel: königsblau, hellblau, dunkelblau, lila, weiß,

Saintpaulia-Hybride 'Inga' mit einfachen, pinkfarbenen Blüten.

'Reggi', einfache, hellblaue Blüten mit weißem Rand.

Medi-Sortiment:
'Michaela', halbgefüllte, leicht gerüschte rosa Blüten,
'Minnie', einfache, weiße Blüten,
'Mira', einfache, lilafarbene Blüten,
'Mireille', halbgefüllte, blaue Blüten mit weißem, leicht gewelltem Rand,
'Mirna', einfache, blaue Blüten,
'Mirosa', einfache, rosa Blüten.

Standard-Sortiment:
'Ava', weiße Blüten mit blauem Auge,
'Bellafi', leuchtendrote Blüten mit weißem Rand,
'Birte', einfache, lilafarbene Blüten,
'Blanca', leicht gefüllte, weiße Blüten,
'Claudia', einfache, weiße Blüten,
'Elisa', einfache, rosa Blüten,
'Gina', gemischtfarbig Weiß mit Blau,
'Gracia', leicht gefranste, weiße Blüten mit rosarotem Rand,
'Greta', einfache, weiße Blüten mit blauem Rand,
'Heidrun', einfache, rosa Blüten,
'Inga', einfache, pinkfarbene Blüten,
'Irmi', einfache, dunkelrosa Blüten,
'Isabel', einfache, dunkelrote Blüten,
'Jolande', leicht gefranste, lila Blüten,
'Margret', hellblaue, Blüten mit weißem Rand,
'Martina', einfache, blaue Blüten,

'Nancy', kräftig pinkfarbene, gefranste Blüten,
'Nina', gefranste, kräftig rote Blüte,
'Nora', leicht gefranste, weiß-blaue Blüten,
'Ramona', einfache, rubinrote Blüten,
'Sabrina', einfache, königsblaue Blüten,
'Salmi', einfache, hellrosa Blüten,
'Vivian', einfache, blaue Blüten,
'Sarosa', einfache, hellrosa Blüten,
'Violetta', einfache, violette Blüten.

Chimera-Sorten
(Royal Eveleens)

Die von der Form her einem Speichenrad ähnelnden Blüten sind zweifarbig. Die große Gleichmäßigkeit in den Blütenmustern wird durch die Vermehrung in Meristemkultur erreicht.
'Amanda', rosa Blüten mit roter Zeichnung,
'Inge-Clara', weiße Blüten mit blauer Zeichnung,
'Jantien', hellblaue Blüten mit dunkelblauer Zeichnung,
'Marlies', hellblaue Blüten mit mittelblauer Zeichnung,
'Myrthe', weiße Blüten mit roter Zeichnung,
'Valerie', rosa Blüten mit blauer Zeichnung.

Cosmos-Stern-Sorten
(Royal Eveleens)

Das Kennzeichen dieser Sorten ist neben der sternförmigen Blüte die große Anzahl gelber Pollen. Die Pflanzen werden ausgesprochen groß und in 10- bis 13-cm-Töpfen gehandelt.
'Gredi', dunkelrosa Blüten,
'Jupiter', hellblaue Blüten mit weißem Rand, kompakte Form,
'Lupus', riesige, blau-weiße Blüten,
'Orion', dunkelblaue, sehr lange haltbare Blüten,
'Phoenix', große rote, besonders sternförmige Blüten,
'Rigel', leicht gefranste, rote Blüten,
'Sirius', kompakt mit hellrosa Blüten.

'Ritter Kato', gefranste Blüten von kräftigem Rot,

'Robin Hood', hell- und dunkellila getönte Blüten,

'Sarastro', tiefviolettblaue Blüten mit intensiv gelben Pollen,

'Störtebecker', reinblaue Sorte von mittlerer Farbe,

'Tante Polly', hellrote Blüten, »Girltyp«,

'Wilhelm Tell', dunkelblaue, einfache Blüten.

Englische und amerikanische Liebhabersorten

Wenn Sie konventionelle Saintpaulien suchen, sind Sie mit dem deutschen Sortiment ausreichend bedient. Wollen Sie das Außergewöhnliche, sollten Sie in England bestellen. Lieben Sie jedoch absolut verrückte Neuheiten, so lassen Sie sich gleich einen amerikanischen Katalog schicken. Es ist unmöglich, alle im Handel angebotenen Sorten aufzuführen und auch noch ausreichend zu beschreiben. Die nachfolgende Auflistung stellt nur eine minimale Auswahl dar.

'Alabama', einfache, weiße Blüten mit gerüschtem, blauem Rand.

'Angel's Touch', gefüllte, gerüschte, weiße Blüten mit rosa Rand und manchmal grüner Mitte.

'Ballet Silver', einfache, große, sternförmige königsblaue Blüten mit weißem Rand.

'Blue Nymph', zweifarbige, weiß-blaue, veilchenähnliche Blüten.

'Bright Eyes', kräftig blaue, einfache Blüten.

'Chiffon Caprice', einfache bis halbgefüllte, hellrosa Blüten mit dunkler Mitte.

'Chiffon Pageant', halbgefüllte, rosa Blüten, panaschiertes Laub.

'Chiffon Prince', halbgefüllte, lavendelfarbene Blüten mit purpurnem Rand, cremefarben panaschiertes Laub.

'Chiffon Princess', halbgefüllte, zart lavendelfarbene Blüten.

'Christmas Carol', halbgefüllte, dunkelrote Blüten mit zartem weißen Rand.

'Colorado', einfache, magentarote Blüten mit gerüschtem Rand.

'Dancin' Spot', gefüllte, kräftig rosafarbene Blüten mit purpurner Fantasiezeichnung, Semiminiatur mit panschiertem Laub.

'Dancin' Trail', gefüllte, dunkel magentarote Blüten, Trailer.

'Delft', große, halbgefüllte, kornblumenblaue Blüten.

'Delta Rose', gefüllte, gekräuselte, weiße Blüten mit rosa Rand, Semiminiatur.

'Ding Dong Trail', einfache, zartrosa, glok-

Oben:
Saintpaulia-Hybride 'Bechta'.

Unten:
Saintpaulia-Hybride 'Camelot Pink'.

kenförmige Blüten mit dunklem Schlund, Trailer.

'Fancy Pants', einfache, rot-weiß gerüschte Blüten.

'Fancy Trail', Trailer mit halbgefüllten, rosa Blüten und panaschiertem Laub.

'Fantasy Sensation', gefüllte, rosa Blüten mit weißen Rändern und blauen Farbspritzern.

'Garden News', weiße, kräftig gefüllte und gerüschte Blüten.

'Gladis', gefüllte, weiße Blüten, panaschiertes Laub.

'Georgia', kräftig rosafarbene Blüten.

'Harlequin', gerüschte, weiße Blüten mit lilarosa Flecken und ebensolch farbigem Rand.

'Heavenly Dawn', halbgefüllte Blüten mit einer Farbmischung aus Pfirsich, Apricot und Elfenbein.

'His Promise', gefüllte, weiße Blüten mit kräftig gelber Mitte.

'Honeysuckle Rose', gefüllte, lavendelrosa Blüten, Trailer mit farbig panaschiertem Laub.

'Hush Blue Stripe', halbgefüllte, hellblaue Blüten mit dunkelblauen Mittelstrichen auf den Petalen.

'Ice Fantasy', halbgefüllte, große, weiße Blüten mit hellblauer Fantasiezeichnung bei guter Düngung.

'Irish Flirt', gefüllte, grüne Blüten mit weißer Mitte, Semiminiatur.

'Jade', pinkfarbene, einfache Blüten mit gerüschtem, grünen Rand.

'Jet Trail', gefüllte, wisterienblaue Blüten, miniaturförmiger Semi-Trailer.

'Kermit', sich nicht ganz öffnende, gefüllte, grüne Blüten.

'Kingwood Red', große, halbgefüllte, leuchtendrote Blüten.

'Leone', einfache, pflaumenfarbene Blüten mit rosa Farbspritzern.

'Luv It', gefüllte, quastenähnliche, rosa Blüten mit purpurroten Farbspritzern.

'Kristi Marie', halbgefüllte, samtige, ziegelrote Blüten mit weißem Rand.

'Magic Trail', halbgefüllte, hellrosa, sternförmige Blüten, Trailer.

'Majesty', halbgefüllte, weiße Blüten mit gelber und rosafarbener Zeichnung.

'Marguerite', riesige, wachsige, sternförmige, hellrosa Blüten.

'Maria', reinrosa, einfache Blüten mit gewelltem Rand.

'Mark', gefüllte, gerüschte, sehr dunkelrote Blüten.

'Mini Marina', mittelblaue, einfache Blüten, »Girltyp«-Miniatur.

'Mysterium', halbgefüllte rosa Blüten, Trailer.

'Painted Plumage', halbgefüllte, fantasieartig violett und rosa gezeichnete Blüten.

'Peach Jubilee', halbgefüllte, sternförmige, zartrosa Blüten mit lilarosa Spitzen, sehr adrett.

'Pip Squeek', eine der kleinsten Saintpaulien überhaupt, winzige rosa Blütchen.

'Pixie Blue', Miniaturpflanze mit veilchenähnlichen, violetten Blüten.

'Porcelain', einfache, weiße Blüten mit großen, blauen Markierungen.

'Purple Pinwheel', lilarosa Blüten mit extrem auffallendem, breitem dunkelblauen Mittelstrich.

'Ramblin' Lullaby', halbgefüllte, zweitonig blaue Blüten, Trailer.

'Romance 'n Lace', gefüllte, lilarosa Blüten mit kräftig gekräuseltem weißen Rand.

'Royal Lady', samtig purpurfarbene Blüten mit weißem Rand, Miniatursorte mit rosagerandetem Laub.

'Rococo Blue', gefüllte, kräftig blaue Blüten, »Girltyp«.

'Rococo Pink', gefüllte, leuchtend rosafarbene Blüten, »Girltyp«.

Saintpaulia-Hybride 'Jade'.

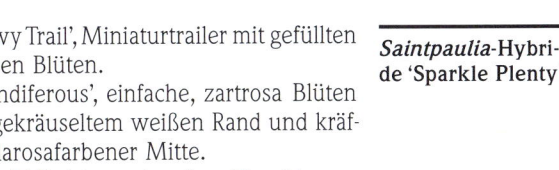

'Snowy Trail', Miniaturtrailer mit gefüllten weißen Blüten.

'Splendiferous', einfache, zartrosa Blüten mit gekräuseltem weißen Rand und kräftig lilarosafarbener Mitte.

'Sprite', Miniatursorte mit weißen, blau angehauchten Blüten.

'Starry Trail', cremeweiße, sternförmige Blüten, reichblühender Trailer.

'Summer Silk', muschelrosa Blüten, kleine Pflanzen mit panaschiertem Laub.

'Summer Spice', gefüllte, lila Blüten mit purpurfarbenen Flecken und Streifen.

'Swan Lake', sehr große, pinkfarbene, gerüschte Blüten.

'Tessa', einfache, kräftig purpurfarbene Blüten an hohen Stielen.

'The Alps', einfache, weiße Blüten mit zart lavendelfarbenen Streifen auf den Petalen.

'Tommy Lou', gefüllte, weißfarbene Blüten mit lilarosa Mitte, weiß gestreifte Blätter.

'Trail Along', gefüllte, kleine hellrosa Blüten, Trailer.

'Twilight Fantasy', sehr groß gewachsene, lavendelfarbene Blüten mit blauer Fantasiezeichnung.

'Twilight Trail', Miniaturtrailer mit winzigen, gefüllten, blauen Blüten.

'Saucy Sunset', Miniatursorte mit fuchsienroten Blüten und panaschiertem Laub.

'Shimmering Trail', große, gefüllte, lavendelfarbene Blüten, Trailer.

'Shogun', gefüllte, rosa Blüten mit gerüschtem, grünen Rand.

'Silver Frost', gefüllte, zartrosa Blüten mit himbeerfarbenem Rand und grüner Einfassung.

'Silver Milestone', einfache, magentarosa Blüten mit glattem, weißen Rand.

'Sleeping Beauty', einfache, weiße, am Rand gekräuselte Blüten.

Achimenes (Schiefteller)

Die Arten und ihre Herkunft

Achimenes wurden schon lange vor den Saintpaulien entdeckt. Beschrieben wurde als erste *Achimenes erecta*, 1756 in der »Civil and Natural History of Jamaica« von Patrick Browne, womit auch schon über die Herkunft dieser Pflanze etwas gesagt ist. Die insgesamt 26 Arten sind jedoch viel weiter in Mittel- und Südamerika verbreitet: von Mexiko über Guatemala und Panama bis Kolumbien, Brasilien und sogar ins nördliche Argentinien. Weniger klar als das Ursprungsgebiet der Pflanzen ist die Herkunft ihres Namens. Da Browne jedoch Arzt war, dürften ihm die Schriften des Plinius nicht fremd gewesen sein; dieser beschreibt eine Pflanze mit magischen Kräften namens *Achaemenis*, abgeleitet vom griechischen *Achaimenis*. Die Pflanzen entspringen kleinen, schuppigen Rhizomen. Manchmal sind diese knöllchenartig verdickt, viele sehen aus wie schuppige Regenwürmer. Die Stengel sind mitunter recht schwach, so daß sie mehr niederliegen als aufrecht wachsen und gestützt werden müssen. Bei den Hybriden hat man sich bemüht, diesen Schwachpunkt wegzuzüchten, es gibt mittlerweile eine ganze Reihe standfester Sorten. Die haarigen Blätter sitzen paarweise oder in Dreierbüscheln an kurzen Stielen direkt am Stengel. Den Blattachseln entspringen einzeln oder in Blütenbüscheln die zahlreichen Blüten. Diese haben eine deutliche, manchmal sehr schlanke, mitunter trompetenförmige Röhre und fünf Blütenblätter. Wie bei den Saintpaulien gibt es Arten und Sorten, bei denen diese sehr gleichmäßig geformt sind, aber auch solche, deren oben sitzende Petalen kleiner sind als die unteren. Die vier Staubgefäße sind meist in der Röhre verborgen.

A. anthirrhina ist im Wuchs sehr kompakt. Die zahlreichen Blüten sind stroh- oder maisgelb, außen mit braunen oder violetten Strichen gezeichnet und innen mit gelben und roten Markierungen versehen. Diese Art stammt aus Mexiko.

A. candida. Diese Miniatur-*Achimenes* ist in den USA in Kultur und wurde oft zur Zucht verwendet. Die cremeweißen Blüten sind außen rotbraun gefleckt, im Schlund findet man gelbe und rote Male. Die Heimat der Pflanze ist das Gebirgsland Guatemalas.

A. coccinea. Sie wurde als erste Art in die Kultur eingeführt. Die Blüten sind rosa oder scharlachrot und ungefleckt! Die Gebirgspflanze findet man von Mexiko bis Panama.

A. ehrenbergii hat einen kompakten Wuchs und große, wollig behaarte Blätter.

Blütenformen:
1 = *Achimenes grandiflora,*
2 = *A. patens,*
3 = *A. heterophylla,*
4 = *A. glabrata,*
5 = *A. candida,*
6 = *A. mexicana.*

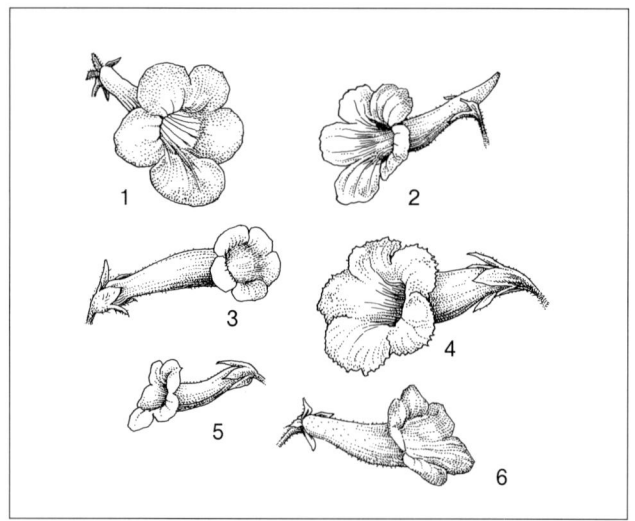

Die wenigen glockenförmigen Blüten sind blau bis lilafarben und gelborange gefleckt. Die Heimat der Art ist Mexiko.

A. glabrata. Diese aus Mexiko stammende Art ist besonders attraktiv durch die großen, weißen Blüten, die am Rand gefranst und im Schlund gelb und purpurrot punktiert sind.

A. grandiflora. Ihre großen Blüten stehen zwar einzeln, aber sehr zahlreich am Stengel. Sie sind rotviolett und zur Mitte hin mit einem helleren, dunkel punktierten Band versehen. Die Species stammt ebenfalls aus Mexiko.

A. heterophylla wächst sowohl in Mexiko als auch in Guatemala. Die orangeroten, gleichmäßig geformten Blüten sitzen einzeln am Stiel, der ungefleckte Schlund ist gelb.

A. longiflora. Die zahlreichen großen Blüten können blauviolett, aber auch weiß oder rötlich sein und farbige Markierungen besitzen.

A. mexicana. Die aus Mexiko stammende Pflanze ist stark behaart. Sie ähnelt

A. longiflora mit blauen Blüten und weißlichem Schlund. Die Species wird auch unter dem Sortennamen 'Storm Cloud' angeboten.

A. patens. Die aus Mexiko stammende Species wurde sehr häufig zur Zucht verwendet. Die einzeln sitzenden Blüten sind rotviolett, gelb überhaucht sowie dunkel gepunktet. Der Sporn ist auffallend lang und die Blütenränder sind gezähnt.

A. pedunculata. Der aufrechte Stengel dieser Art kann bis zu 90 cm lang werden, die nickenden Blüten sind rot und besitzen einen gelben Schlund. Die dunkelroten Markierungen sitzen auf orangefarbenen Streifen. Die aus Guatemala und Honduras stammende Pflanze ist nur schlecht in Zimmerkultur zu halten.

A. skinneri. Aus der gleichen Gegend stammt diese Species. Sie wird unter den Sorten als 'Carmine' aufgeführt und ähnelt *A. pedunculata*. Allerdings sind die Blüten dunkelrosa, wenn auch mit ähnlicher Zeichnung.

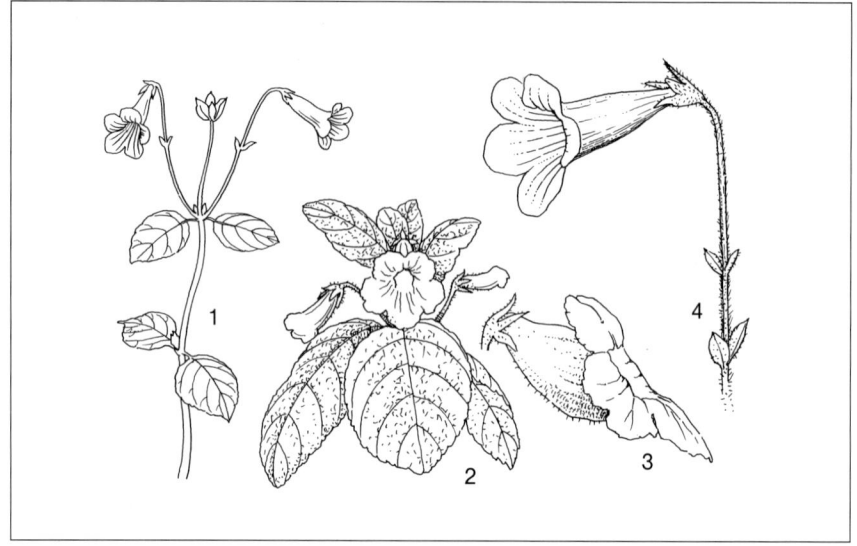

Kultur und Vermehrung

Achimenes-Rhizome werden von den Versendern in England oder Übersee während ihrer Ruheperiode, kurz vor dem Pflanzen, verkauft, also gegen Ende des Winters. Die schuppigen Rhizome, die man erhält, sind sehr zerbrechliche Gebilde, deshalb sollte man sehr vorsichtig mit ihnen umgehen. Am Endpunkt des Rhizoms sieht man eine winzige Knospe, dieser entspringt die Pflanze. Falls doch einmal ein Teil dieses »Schuppenwurms« abbricht, werfen Sie ihn nicht weg! Eingepflanzt wird er sich regenerieren und ebenfalls eine Pflanze bilden, nur nicht so schnell wie der Haupttrieb. Die Schiefteller haben zur Sicherheit zwischen den Schuppen weitere schlafende Augen versteckt, die aktiviert werden, wenn der oben beschriebene Notfall eintritt.

Einzelne Rhizome werden in 6-cm-Töpfe gelegt. Will man buschigere Pflanzen, so gibt man fünf bis zwölf davon in einen 12-cm-Topf. Man füllt diesen mit zwei Drittel Zimmerpflanzenerde, die ebenso mit Sand gestreckt wird, wie bei den Saintpaulien beschrieben. Nachdem man die Rhizome vorsichtig auf die Erde gebettet hat, deckt man sie bis zum Topfrand mit dem Substrat ab. Danach wird der Topf angegossen, und glauben Sie es oder nicht, manche Leute nehmen hierzu heißes Wasser. In England heißt der Schiefteller deshalb auch »Hot-Water-Plant«. Dies ist mit Sicherheit nur ein Mißverständnis: Was die Pflanzen nicht vertragen, ist kaltes Gießwasser. Die Blätter bekommen davon braune Flecken.

Sind die Rhizome erst einmal angetrieben, sollte auch die Zimmertemperatur nicht mehr unter 15 °C absinken, 20 bis 25 °C sind optimal. Man setzt die Knöllchen zwischen Ende Februar und Ende April. Sobald sich die ersten Blätter zeigen, sollte man das Gewächs hell stellen, damit es kompakt bleibt. Volle Sonne mögen die Schiefteller nicht! Nicht standfeste Sorten müssen an Stäben hochgebunden werden, da sie nicht von selbst klettern. Man kann sie jedoch ebensogut als Ampelpflanzen verwenden.

Wichtig ist außerdem eine regelmäßige Düngung, die sowohl der Blüten- als auch der Rhizombildung zugute kommt. Man beginnt damit sechs Wochen nach dem Pflanzen. Nimmt man zunächst einen ganz normalen Zimmerpflanzendünger, so kann man im August auf einen mit hohem Kaligehalt umstellen, damit die Rhizome kräftiger werden und besser ausreifen.

Zwei Dinge lieben *Achimenes* nicht: zuviel Wasser und zu tiefe Temperaturen. Deshalb ist eine gute Durchlässigkeit des Substrates wichtig. Andererseits sollte der Wurzelballen, im Gegensatz zu Saintpaulien, niemals völlig austrocknen. Erst im Herbst, wenn die Blühperiode eindeutig zu Ende geht, wird man das Gießen einstellen und darauf warten, daß die Pflanze völlig vertrocknet. Sobald Blätter und Stengel vergilbt sind, schneidet man alles kurz über dem Boden ab und stellt die Töpfe in den Keller, nicht aber bei Temperaturen unter 10 °C. Dort läßt man die Erde staubtrocken werden, bevor man an die »Ernte« geht. Man kann die Rhizome aber auch vollkommen im alten Substrat überwintern und erst vor dem Neupflanzen aufnehmen.

Wer jedoch kontrollieren will, wie sich die Pflanzen vermehrt haben, der wartet, bis sich das Substrat mit der Hand zerkrümeln läßt. Da auch das kleinste, stecknadelkopfgroße Teilstück wieder angetrieben werden kann, ist bei dieser Prozedur sehr sorgfältig zu verfahren, damit nichts verlorengeht. Man kann die aufgenommenen Rhizome in etwas Vermiculite oder Sand einbetten, niemals jedoch sollte man sie in ein Plastiktütchen stecken, da sie atmen wollen. Auch wenn Sie nur ein Rhizom in die Erde gesteckt haben, werden Sie sehen, daß sich dort jetzt eine ganze Menge in unterschiedlicher Größe befinden. Zudem wird das Hauptstück ganz erheblich gewachsen sein. Vor dem Pflanzen kann es geteilt werden, was aber, wie bereits angesprochen, den Blühbeginn hinauszögert.

Das ganze Jahr über können von den Pflanzen auch Kopfstecklinge geschnitten werden. Schneiden Sie mit einem scharfen Messer die oberen 5 cm der Pflanze ab und stecken dieses Stück in ein feuchtes Torf-Sand-Gemisch! Bei Abdeckung mit Folie oder in einem Zimmergewächshaus werden die Stecklinge sehr schnell weiterwachsen. Das Erstaunlichste jedoch passiert unter der Erde, denn dort ha-

ben sich nach kurzer Zeit nicht nur Wurzeln gebildet, sondern auch Rhizome. Diese können dann ab Herbst genauso weiterkultiviert werden wie die der Mutterpflanzen.

Wer selbst züchten möchte, dem sei gesagt, daß man *Achimenes* untereinander kreuzen kann, auch mit Pflanzen der Gattung *Smithiantha*. Van Houtte zum Beispiel nannte 1865 seine Kreuzungen in dieser Form × *Eucodonopsis*. Zwar sind sie alle wieder vom Markt verschwunden, erhalten geblieben aber sind die wunderbaren Abbildungen in dem Buch »Flore des Serres«. Der berühmte Botaniker Eduard Regel hingegen war einer der ersten Züchter, der im letzten Jahrhundert die Arten untereinander kreuzte und Hybriden schuf.

Sie können dies selbst leicht nachvollziehen, denn *Achimenes* setzen bei künstlicher Bestäubung willig Samen an. Nur

Stecklinge von *Achimenes* bilden schon nach kurzer Zeit schuppige Rhizome.

49

die Aufzucht ist nicht ganz leicht, denn Keimtemperaturen von 25 bis 28 °C sind nötig. Dabei dürfen die Aussaatgefäße aber keinesfalls in die direkte Sonne gestellt werden. Ebensowichtig ist eine gleichmäßige Luftfeuchtigkeit, die man durch Überspannen der Töpfe mit Frischhaltefolie erreicht. Das Kondenswasser sollte auf gar keinen Fall auf die Sämlinge tropfen, da sie sonst faulen. Schwierig ist dann auch das Pikieren der Sämlinge, da sie so winzig sind. Manche lohnen einem die Mühe, indem sie schon im ersten Jahr blühen, alle jedoch werden bis zum Herbst kleine Rhizome gebildet haben.

Das Sortiment

Bereits 1850 führten Bass & Brown aus Sudbury 36 verschiedene *Achimenes* in ihrem Katalog auf, Louis van Houtte aus Gent acht Jahre später sogar 67. Heute findet man das größte Angebot von etwa 100 Sorten in Großbritannien, bei uns werden Rhizome nur vereinzelt angeboten. Dies ist erstaunlich, denn einer der bedeutendsten *Achimenes*-Züchter kommt aus Deutschland. Konrad Michelssen (Burgdorf/Hannover) beschäftigt sich nicht nur mit der Zucht dieser Pflanzen, sondern auch mit ihrer Tetraploidisierung.

Achimenes-Hybride 'Ambroise Verschaffelt', über 130 Jahre alt und immer noch eine hervorragende Sorte.

In England erhielten verschiedene seiner Sorten sogar Auszeichnungen. Der erfolgreichste Züchter Großbritanniens ist K.J. Townsend.

'Ambroise Verschaffelt', gezüchtet 1855 von Regel, immer noch hervorragend, weiße, violett geaderte Blüten.

'Brilliant', orangefarbene Blüten mit gelbem Schlund.

'Cameo Triumph', gemmenartige, große, rosafarbene Blüten.

'Cascade Evening Glow' stammt wie alle 'Cascade'-Sorten von Michelssen; kleine, buschige Pflanze mit lachsrosa Blüten, HC 1979.

'Cascade Fashionable Pink', hell lachsrosafarbene Blüten, zur Mitte hin gelb überhaucht, HC 1979.

'Cascade Rosy Red', große, roséfarbene Blüten, kompakter Wuchs.

'Cascade Violet Night', kräftig violette Blüten von samtiger Substanz.

'Clouded Yellow', aufrechter Wuchs, zartgelbe Blüten mit dunkler Zeichnung.

'Coral Cameo', korallenrosa Blüten mit dunkelroten Markierungen.

'Coral Sunset', korallenrote, orange überhauchte Blüten.

'Cupido', blaue Blüten mit dunklerer Zeichnung.

'Dots', kräftig punktierte, pfirsichfarbene Blüten.

'Glacier', blau angehauchte, extrem weiß wirkende Blüten.

'Harveyi', kleine, orangerote Blüten mit dunkler Mitte.

'Hilda Michelssen', Blüten dunkelrosa mit violetter und gelber Mitte.

'India', kleine Pflanze mit großen violetten Blüten.

'Jubilee Gem', wüchsig, purpurrote, trompetenförmige Blüten.

'Mair's White', schneeweiße Blüten an buschiger Pflanze.

'Margarita', Trailer mit reinweißen Blüten.

'Menuett 80', wüchsige, rosablühende Sorte.

'Opal', cremefarbene Blüten, zart purpurn gesprenkelt.

'Peach Blossom', dunkel geäugte, pfirsichfarbene Blüten.

Achimenes-Hybride 'Paul Arnold'.

'Pearly Queen', große, rosa, lila und creme gemischtfarbene Blüten.

'Pendant Purple', wüchsiger Trailer mit purpurfarbenen Blüten.

'Prima Donna', Benary-Züchtung mit korallenroten Blüten, wurde als Samen eingeführt.

'Purple King', wüchsig und reichblühend, purpurne Blüten.

'Red Admiral', scharlachrote, trompetenförmige Blüten.

'Ruby', eine nur 15 cm hohe Miniaturpflanze mit rubinroten Blüten.

'Tarantella', kräftig lachsrosa Blüten.

'Teresa', halbgefüllte, karminrote Blüten.

'Tetra Blauer Planet', alle Tetra-Sorten stammen wiederum von Michelssen, blaue Blüten mit 7 cm Durchmesser.

'Tetra Orange Star', orangerote Blüten mit 6,5 cm Durchmesser.

'Tetra Purpur Elfe', kompakte, reichblühende Sorte mit purpurfarbenen Blüten.

'Tetra Rosa Queen', 7,5 cm große, rosa Blüten.

'Tetra Verschaffelt', eine tetraploide Form von 'Ambroise Verschaffelt'.

'Tetra Weinrote Elfe', der Name beschreibt die Farbe sehr genau.

'Vivid', orangefarbene Röhre und magentarote Petalen.

'White Giant', weiße Blüten mit purpurner Zeichnung.

In Deutschland sind *Achimenes* nur als Topfpflanzen im Handel erhältlich, meist ohne Sortenangabe. Wenn Sie also interessiert sind, deutsche Züchtungen als Rhizome zu erhalten, bleibt meist nur der Weg, diese aus England zu reimportieren.

Falls Sie Pflanzen der Gattung *Koellikeria* kultivieren möchten, die *Achimenes* nahesteht, sich aber durch einen kurzen, fast rosettenartigen Sproß unterscheidet, so behandeln Sie diese genau wie Schiefteller.

Columnea (Columnee)

Die Arten und ihre Herkunft

Die Angaben über die Anzahl der Columneen schwanken zwischen 100 und 200 Arten, die meisten Autoren schränken die Zahl auf 125 bis 135 ein. Davon werden nur etwa 20 Species im Handel angeboten, die wichtigsten sind nachfolgend beschrieben. Der Namen *Columnea* ist auf die latinisierte Form des Namens von Fabio Colonna zurückzuführen, einem italienischen Botaniker, der von 1567 bis 1640 lebte. Die meisten Arten wurden erst im Laufe unseres Jahrhunderts entdeckt, bekannt sind seit 1840 *Columnea schiedeana*, seit 1843 *C. crassifolia* und seit 1865 *C. lepidocaula*. Während die meisten Species nur in Botanischen Gärten oder bei Liebhabern zu finden sind, werden im Handel meist die in der Kultur problemloseren Hybriden angeboten.

Columneen wachsen in den tropischen Wäldern Mittel- und Südamerikas mit einem Verbreitungsschwerpunkt in Costa Rica und Panama. Oft sitzen sie in den Astgabeln oder Ritzen von Bäumen, wo sich Mulm angesammelt hat. Doch nicht alle Arten zeigen hängenden Wuchs, es gibt auch Kletterer oder standfeste Sträucher und Halbsträucher. *C. sanguinea* zum Beispiel ist eine aufrechtwachsende, 1 m hoch werdende Art. Auch die Blattformen sind sehr unterschiedlich, es gibt Species mit derben, ledrigen und solche mit nur kleinen Blättern. Diese sind gegenständig, wobei das eine Blatt oft größer ist als das andere. Die Blüten stehen einzeln oder zu mehreren in den Blattachseln, sind meist rot oder gelb, und bei den Arten findet man eine ganze Reihe unansehnlicher Formen, was ihre Einführung in gärtnerische Kultur begrenzt. Die sechs Blütenblätter bilden am Grunde eine lange, konisch verjüngte Röhre, und da die oberen vier meist viel größer sind als die unteren zwei, besitzen die Blüten ein helmartiges Aussehen. Die vier Staubbeutel sind kreuzweise verbunden, so daß ihre Spitzen ein Quadrat bilden. Die Frucht besteht aus einer im Kelch eingeschlossenen weißen Beere, die staubfeinen Samen enthält.

Von den Species sind folgende im Handel erhältlich, jedoch nur von den im Anhang aufgeführten Gesnerienlieferanten. **C. allenii.** Die aus Panama stammende Art hat nur 2 cm lange Blätter an hängen-

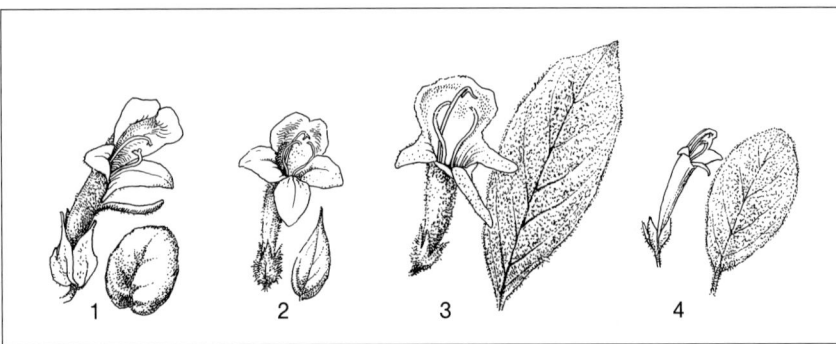

1 = *Columnea allenii,*
2 = *C. arguta,*
3 = *C. magnifica,*
4 = *C. tulae.*

den Stielen. Die einzeln sitzenden Blüten sind rot mit gelber Zeichnung im Schlund.

C. arguta. Die hängenden Stiele mit den kleinen Blättern können bis zu 150 cm lang werden. Die 6 cm langen Blüten sind orangerot und behaart, der Schlund ist gelb.

C. aurantea. Wegen des halbaufrechten Wuchses kann man diese Pflanze auch hochbinden, sie besitzt orangerote Blüten.

C. brevipila ist von standfestem, aufrechtem Wuchs. Die Pflanze besitzt hellgrüne, ovale Blätter und gelbe Blüten.

C. erythrosphaea zeigt halbaufrechten Wuchs. Ihre Blüten sind leuchtend orange mit gelbem Schlund.

C. euphora. Ihre großen, orangeroten Blüten mit gelbem Schlund sitzen in aufrechter Position an kräftigen Stielen.

C. fendleri. Diese Art ist ebenfalls von aufrechtem Wuchs. Die Blüten sind hellorange mit gelbem Rand.

C. gloriosa. Besonders schön ist eine Form mit bronzeroten Blättern an den hängenden Stielen. Sie trägt leuchtendrote Blüten mit gelbem Fleck.

C. harrisii ist eine weitere aufrecht wachsende Art. Ihre Blüten sitzen in einem großen hellgelben Blütenkelch, sie sind gelb-orange gestreift und mit Flaum bedeckt.

C. hiantiflora. Die schmalen Blätter sitzen an aufrechten Stielen. In den Blattach-seln stehen breite, weit geöffnete, orangefarbene Blüten.

C. hirta wird wegen des kriechenden Wuchses meist in Ampeln kultiviert. Die bis zu 10 cm langen Blüten sind scharlachrot und besitzen keine oder nur eine geringfügige gelbe Zeichnung.

C. linearis trägt aprikosenfarbene Blüten an aufrechten Stielen. Bei der Form 'Purple Robe' sind die Blätter auf der Rückseite purpurn und die Blüten kräftig rosa.

Columnea gloriosa.

Oben links:
*Columnea sulphu-
rea.*

Oben rechts:
*Columnea nicara-
guensis.*

Unten:
*Columnea teu-
scheri.*

54

C. microcalyx, eine Ampelpflanze mit kleinen, spitzen Blättern. Die großen Blüten sind gelborange und weit geöffnet.

C. microphylla. Bei dieser Art werden die hängenden Stengel bis zu 1 m lang, die Blättchen sind rund. Die Blüten sind leuchtendorange bis scharlachrot.

C. purpusii bildet aufrechte Stiele mit dünnen Blättchen und orangeroten Blüten mit gelben Tupfen auf den Lippen.

C. repens. Drahtige, hängende Stengel, besetzt mit kleinen Blättern. Die Blüten sind gelb und orange.

C. rupricaulis. Ihre aufrechten Stiele tragen schmale, spitze Blätter. Die Blüten sind rot und ohne Zeichnung.

C. sanguinea. Die gelben Blüten sind im Vergleich zu den bis zu 30 cm großen Blättern mit den roten Flecken fast unscheinbar.

C. scandens ist von aufrechtem bis halbhängendem Wuchs. Ihre Blüten sind orangerot.

C. schiedeana. Die am häufigsten angebotene Art ist ein aufrecht wachsender Strauch mit 6 cm langen, gelben Blüten, die eine schöne braunrote Zeichnung aus Punkten und Strichen besitzen. Die Heimat der Pflanze ist Mexiko.

C. tomentulosa ist eine Hängepflanze, deren Blätter auf der Rückseite rot sind. Sie öffnet gelbe Blüten mit rotem Kelch.

C. tulae. Die Art wächst auf Haiti und ist meist nur in den Formen 'Flava' mit reingelben oder 'Rubra' mit orangeroten Blüten in Kultur.

C. zebranella, eine Art mit aufrechtem, buschigem Wuchs. Die Blüten sind gelb und mit kastanienbraunen Strichen gezeichnet.

Kultur und Vermehrung

Es liegt nicht nur am hängenden Wuchs der meisten Columneen, daß sie in Ampeln gepflanzt werden. Bei manchen Arten verdecken die Blätter leider die Blüten, in Augenhöhe gehängt sind sie dennoch gut zu sehen, Kulturprobleme ergeben sich aus der Herkunft der Pflanzen.

Die Gattung *Columnea* stammt aus tropischen Wäldern mit hoher Luftfeuchtigkeit. Auf trockene Zimmerluft reagieren die Pflanzen mit dem Abwerfen der Laubblätter. Da in unseren Wohnstuben kaum optimale Bedingungen herzustellen sind, gehören Columneen eigentlich in geschlossene Blumenfenster oder in Gewächshäuser. Dies gilt in besonderem Maße für die Species. Wenn Sie also einen Versuch mit diesen Gesneriengewächsen wagen wollen, beginnen Sie lieber mit Hybriden, die speziell für den klimatisch weniger günstigen Platz am Fensterbrett gezüchtet wurden.

Einen Mangel an Luftfeuchtigkeit sollten Sie auf keinen Fall durch übermäßiges Gießen ausgleichen. Denn bedenken Sie, viele der Arten wachsen auf Bäumen, wo einerseits das Laub Schutz vor zuviel Regen bietet, andererseits Wasser gut ablaufen kann. Das Pflanzsubstrat sollte also stets nur mäßig feucht gehalten werden. Besonders ist die Feuchtigkeit dann zu kontrollieren, wenn die Blumentöpfe in Ampeln stehen, die keinen Wasserabfluß haben. Fußbäder bekommen den Columneen nicht! Da der vermodernde Mulm in den Bäumen sich zu Humus zersetzt und die Pflanzen so üppig mit Nährstoffen versorgt, gleichen wir dieses Manko zu Hause mit entsprechenden Düngergaben aus. Während der lichtreichen Jahreszeit vom Frühjahr bis zum Herbst darf man alle zwei Wochen dem Gießwasser etwas Flüssigdünger zugeben, im Winter wird die Düngung eingestellt.

Columneen machen aber keine Ruhepause während dieser Jahreszeit durch, allenfalls mit einer Blühpause ist zu rechnen. Keinesfalls sollte bei den Species im Winter die Temperatur unter 18 °C absinken. Etwas anderes ist es mit den Hybriden, *C.* × *kewensis* zum Beispiel braucht sogar eine Ruhepause von etwa einem Monat bei 15 °C, um überhaupt Blüten anzusetzen. Deshalb ist für die meisten Arten ein heller, aber nicht vollsonniger Standort mit einer Temperatur zwischen 20 und 25 °C optimal. Auch wenn im Sommer im Blumenfenster die Temperaturen einmal auf 30 °C ansteigen, schadet dies den Pflanzen nicht.

Wenn den Columneen die Kulturbedingungen behagen, werden sie auch rasch mit Zuwachs reagieren. Daher ist es nötig, die Pflanzen im Abstand von ein bis zwei Jahren umzutopfen, wobei eine Erdmischung verwendet wird, wie sie bei den Saintpaulien beschrieben wurde. Man macht sie durch die Zugabe von Laubhumus, Sphagnum, Holzkohlestückchen oder Styromull noch wasser-, und vor allem luftdurchlässiger, als dies ohnehin schon der Fall ist. Das Substrat darf ruhig sehr grob sein, denn am Naturstandort kommen die Pflanzen auch mit halbverrottetem Kompost klar. Das Umtopfen erfolgt am besten direkt nach der Blüte, bis zur Blühpause im Winter sollte man allerdings nicht warten. Auch können während des gesamten Jahres Stecklinge von etwa 5 cm Länge abgenommen werden; der günstigste Zeitpunkt ist das Frühjahr oder der Sommer, wenn sich die Pflanze in vollem Wachstum befindet.

Man kann abgeschnittene Triebe genauso bewurzeln wie Blattstecklinge von Usambaraveilchen. Dies geht in Erde genausogut wie in Wasser, welches stets Zimmertemperatur haben sollte. Zieht man die Stecklinge in Töpfen, so ist es am besten, wenn man ihnen eine Bodentemperatur von 25 °C bieten kann, die Bewurzelung vollzieht sich dann innerhalb von zwei Wochen. Da besonders bei kleinblättrigen Arten die Gefahr des Vertrocknens gegeben ist, ist für deren Vermehrung ein Zimmergewächshaus optimal. Hingegen vertrocknen Species mit derben, ledrigen Blättern nicht so leicht. Dennoch besteht auch hier die Gefahr, daß die Blätter ganz abgestoßen werden. Während aufrechtwachsende Arten entspitzt werden können, damit sie buschiger werden, sollte man bei hängenden Formen die Finger davon lassen.

Stecklinge von *Columnea* kann man sowohl in Erde als auch in einem Gefäß mit Wasser bewurzeln.

Das Sortiment

Im »Gesneriad Register« von 1966 werden bereits mehr als 100 Sorten aufgelistet, mittlerweile sind noch einige Neuzüchtungen hinzugekommen. Bei uns in Deutschland erhält man meist namenlose Sorten mit orangefarbenen oder roten Blüten, die auf *C. × banksii* oder *C. × vedrariensis* zurückgehen. Erstere ist eine Kreuzung zwischen *C. oerstediana* und *C. schiedeana*, letztere zwischen *C. magnifica × C. schiedeana*. Aus der gleichen Kreuzung ging auch noch *C. × kewensis* hervor, manche Autoren meinen jedoch, wegen der Ähnlichkeit der Bastarde sei dieser Name überflüssig. Wer Hybriden sammeln möchte, sollte sich an die amerikanischen Händler wenden, der Versand von Stecklingen sowie deren Aufzucht bereitet keine besonderen Probleme. Angeboten werden:

'Alladin's Lamp', eine Showpflanze mit großen, kräftig roten Blüten, die fast ohne Blühpause erscheinen.

'Alpha', gut verzweigte, hängende Stiele, große, leuchtendgelbe Blüten.

'Apollo', hängender Wuchs, gelbe Blüten mit orangeroten Lippen und gelber Zeichnung.

'Bill Saylor', halbaufrechter Wuchs, schmale rote Blüten mit gelber Zeichnung.

'Boheme', halbaufrechter Wuchs, haarige Blüten mit einer Mischung von gelblich-rosa bis rötlich-orange.

'Bold Adventure', ein Dauerblüher von aufrechtem Wuchs, gelbe Blüten mit orangefarbenen Lippen und ebensolcher Zeichnung.

'Chanticleer', problemlose, standfeste Zimmerpflanze mit 4 cm großen, orangefarbenen Blüten.

'Dragon Fire', mehrmals im Jahr erscheinen große, rote Blütenbüschel an dieser aufrecht wachsenden Pflanze.

'Early Bird', hängender Wuchs, gelbe Blüten mit orangefarbenen Lippen.

'Flamingo', aufrechter Wuchs mit großen Blütenbüscheln. Gelbe Blüten mit rosafarbenem Rand.

'Flashfire', Ampelpflanze mit rötlich-grünen Blättern und großen, orangefarbenen Blüten mit gelbem Schlund.

'Inferno', besonders schön ist auch das auf der Rückseite rote Laub, gelbe Blüten mit orangefarbenen Spitzen.

'Katsura', panaschiertes Laub mit rosafarbenem Stich, hellorange Blüten.

'Krakatou', hängende Pflanze mit haarigen Blättern und großen orangefarbenen Blüten mit gelber Zeichnung.

'Madame Butterfly', hängende Stiele mit kleinen Blättchen, leuchtendgelbe Blüten mit orangefarbenem Rand.

'Mary Ann', kompakte, buschige Pflanze mit lachsrosa Blüten.

'Red King', auffallend rote Blüten an hängenden Stielen, eine aparte Schönheit.

'Midnight Lantern', halbhängende Pflanze mit kräftig purpurfarbenen Blättern, große orangefarbene Blüten.

Columnea-Hybride 'Stavanger', eine wüchsige und leicht erhältliche Sorte.

_____
Columnea hirta
'Variegata' und
'Aureovariegata'.

'Rising Sun', Ampelpflanze mit samtig grünem Laub, leuchtendrote, große Blüten.
'Snake Charmer', hängender Wuchs mit winzigen Blättchen, aber sehr großen, roten Blüten mit gelbem Schlund.
'Starburst', Ampelpflanze mit sternförmigen (!), leuchtendgelben Blüten.
'Stavanger', wüchsige, auch bei uns angebotene, hängende Sorte mit roten, gefleckten Blüten.

'Stavanger Variegata', ähnelt bis auf das panaschierte Laub der Stammform.
'Sun Dancer', emporklimmende Pflanze mit Büscheln von leuchtendgelben Blüten.
'Tricolor', eine Auslese von 'Stravangar' mit großen, roten Blüten. Sie sollte im Winter kühl gehalten werden.
'Yellow Dragon', hängender Dauerblüher mit gelben Blüten, die in grünen, rotgerandeten Blütenkelchen sitzen.

Sehr nahe verwandt mit *Columnea* ist die Gattung *Aeschynanthus*. Da deren Species aber noch etwas empfindlicher sind als *Columneen*, sollten sie im warmen Gewächshaus gehalten werden. Eine Ausnahme stellt *Aeschynanthus parasiticus* dar, der mit Temperaturen von 14 bis 18 °C vorliebnimmt und dabei auch noch reich blüht. Im Handel werden in Deutschland häufig im August blühende Hybriden angeboten, von denen besonders 'Schlatters Koralle' zu empfehlen ist.

Episcia (Episcie)

Die Arten und ihre Herkunft

Der Name *Episcia* stammt aus dem Griechischen und verrät bereits eine ganze Menge über die Kultur dieser Pflanzen: Er bedeutet »beschattet«. Die ganze Gattung ist leicht überschaubar, denn sie umfaßt nach diversen Umbenennungen nur noch neun Arten, von denen nicht einmal alle in Kultur sind. Dafür gibt es eine Unmenge von Sorten, wobei *Episcia cupreata, E. lilacina* und *E. reptans* am häufigsten für die Zucht verwendet wurden.

Die Species wachsen in tropischen Wäldern von Brasilien bis Mexiko, aber auch auf den Antillen. Wo die Pflanzen auch vorkommen, es herrscht überall eine ausgesprochen hohe Luftfeuchtigkeit. Episcien sind Bodendecker, die den Schatten unter Bäumen lieben. Die meist kleinbleibenden Pflanzen besitzen keine Rhizome oder Knollen, sondern gehören zu den krautförmigen Gesnerien. Sie fallen vor allem durch ihre gegenständigen Blätter auf, die oft behaart und meist sehr schön gefärbt sind. Hinzu kommen die oft kleinen, aber sehr hübschen, rot, weiß oder gelb gefärbten Blüten, die den Sammlerwert der Pflanzen steigern. Dennoch ist die Gattung *Episcia* etwas für den Kenner, denn ihre Kultur ist nicht einfach. Die Blütenblätter sind rund und gezähnt oder gefranst, in den Röhren sitzen vier meist in rechtem Winkel zueinander angeordnete Staubbeutel.

Während *Episcia densa, E. sphalera* und *E. villosa* nicht in Kultur sind, werden folgende Arten gelegentlich angeboten: **E. cupreata.** Diese Art treibt unermüdlich Ausläufer mit kleinen rundlichen, behaarten olivgrünen Blättern. Sie ist sehr variabel und hat mitunter auch kupferbraune oder silberne Blätter, bei denen die Blattadern mehr oder weniger andersfarbig gezeichnet sind. Auch die Blütenfarbe ist sehr veränderlich, oft sind die Röh-

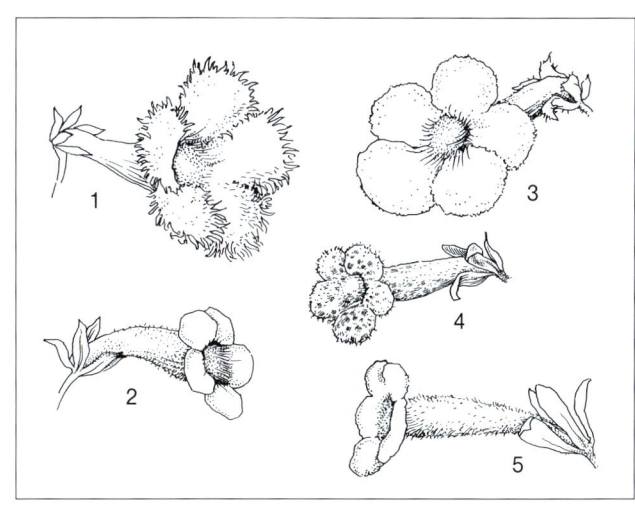

ren gelb und die mit Zeichnungen verse-
henen Lippen orange.

E. dianthiflora wurde inzwischen um-
benannt in *Alsobia dianthiflora*, wird aber
oft als Episcie verkauft. Die weißen Blüten
sind »nelkenartig«.

E. fimbriata hat ähnliche Blüten wie die
vorhergehende Art, die schmalwüchsi-
gen, grünen Blätter besitzen eine silbrige
Zeichnung.

E. hirsuta. Eine große Pflanze mit dunkelgrünen Blättern, die entlang der Mittelrippe hell gefärbt sind. Die weißen Blüten
sind im Schlund mauvefarben.

E. lilacina ähnelt *E. cupreata*, ist aber
nicht ganz so variabel. Zur Zucht wurde
vor allem eine Form mit schokoladenbrau-
nem Laub verwendet. Oft sind die Adern
zusätzlich gezeichnet. Die zart lavendelfarbenen Blüten sind auf der Rückseite
weiß und im Schlund gelb.

E. punctata. Diese Art gehörte schon zu
den Gattungen *Drymonia* und *Isoloma*,
mittlerweile wird sie *Alsobia* zugerech-
net.

E. reptans. Bei schattigem Stand sind die
Blätter silbrig grün, bei starkem Lichtein-
fall werden sie braun. Auch bei *Episcia*
reptans-Hybriden tritt dieser Effekt auf.

E. xantha. Gerippte, grünbraune Blätter
und goldgelbe Blüten mit lebhaften Flek-
ken im Schlund zeigt diese Art.

Kultur und Vermehrung

Ausgehend vom Naturstandort kann man
leicht ermessen, daß einen die Kultur der
Episcien vor hohe Anforderungen stellt.
So lieben sie Schatten und sollten deshalb vor direkter Sonneneinstrahlung geschützt werden. Andererseits stammen
die Pflanzen aus den Tropen, so daß sie an
einem Nordfenster im Winter zu wenig
Licht erhalten. Ost- oder Westfenster sind

also anzuraten, besonders dann, wenn es sich um geschlossene Blumenvitrinen handelt. Das eigentliche Problem ist, wie bei den Columneen, die hohe Luftfeuchtigkeit, die die Pflanzen benötigen. Als Regel darf gelten, daß diese nicht unter 60 Prozent sinken sollte, während die Temperatur das ganze Jahr über nie weniger als 18 °C betragen darf. Als die Heizung unseres geschlossenen Blumenfensters einmal ausfiel und die Temperatur über Nacht unter 15 °C absank, gingen alle braunlaubigen Episcien ein, nur die mit grünen Blättern überlebten. Doch auch sie hatten Blattschäden. Ist in der Vitrine eine zusätzliche Beleuchtung angebracht, kommt dies der Blütenbildung zugute, denn bei Lichtmangel nimmt nicht nur die Anzahl der Ausläufer ab, sondern auch die Blüte bleibt aus.

Ebensowenig wie man den Episcien im Zimmer Tropenklima verschaffen kann, kann man ihnen den Platz bieten, den sie als Bodendecker am Heimatstandort haben. Als solche könnte man die Pflanzen allenfalls im Gewächshaus benutzen, und auch dort nur, wo eine Bodenheizung vorhanden ist. In Töpfen wachsen die vielen Ausläufer rasch über den Rand hinaus, so daß Episcien oft als Ampelpflanzen verwendet werden. Wenn man merkt, daß die kleinen Pflänzchen auf der Suche nach Erde Wurzeln bilden, schneidet man die Triebe ab und steckt sie in Töpfe. Doch auch unbewurzelte Ausläufer wachsen bei entsprechender Bodentemperatur gut an. Die Nachzuchttöpfe dürfen ruhig auf einem Fensterbrett über dem Heizkörper stehen, 25 °C sind zur Bewurzelung optimal.

Alle ein bis zwei Jahre pflanzt man im Frühjahr oder Sommer die Mutterpflanze um. Will man ihr alle Neutriebe belassen, so sind entsprechend größere Pflanzgefäße notwendig. Flache Schalen eignen sich vortrefflich. Das Substrat sollte sehr luft- und wasserdurchlässig sein, zum Sand kann man durchaus noch denselben Anteil Styromull hinzugeben. Ansonsten ist die übliche Zimmerpflanzenerde mit einem pH-Wert um 5,5 gut geeignet. Im Gegensatz zur hohen Luftfeuchtigkeit ist das Substrat nur mäßig feucht zu halten. Gedüngt wird vom Frühjahr bis zum Herbst reichlich, im Winter nur mäßig. Besondere Dünger sind nicht nötig.

Das Sortiment

Viele der Sorten sind nur Auslesen der Wildformen. Wurden diese miteinander gekreuzt, so entstanden zwar Hybriden, die aber den Namen der Eltern behielten. Die Gärtner vermerken dies in ihren Listen, indem sie diesen dem Hybridnamen vor- oder nachstellen. Wir verfahren bei der nachfolgenden Auflistung ähnlich.

Cupreata-Hybriden:
'Chocolate Soldier', schokoladenbraune Blätter mit silbernen Adern, rote Blüten.
'Hank Hoestra', braune Blätter mit rosa schillernder Mitte.
'Metallica', smaragdgrüne Blätter mit silbernen Adern, rote Blüten.

Episcien lassen sich leicht durch Abtrennen der Ausläufer vermehren.

61

Oben:
Episcia cupreata 'Musaica'.

Rechte Seite oben:
Episcia.

Rechte Seite unten:
Episcia-Hybride 'Star of Bethlehem'.

'La Solidad', kleine, bronzefarbige Blätter mit silbernen Markierungen, Blüten rot.
'Selby's Best', olivegrüne, silbrig behaarte Blätter, die zur Mitte hin rosa getönt sind.

Lilacina-Hybriden:

'Antique Velvet', samtige, minzegrüne Blätter mit braunen Adern, rote Blüten.
'Blue Nile', ähnelt der Wildform, doch sind die Blätter silbriger und die Blüten blauer.
'Chocolate Velour', ledrige, braune Blätter mit roten Flecken, lilablaue Blüten.
'Cora Weigel', schmale, silbriggrüne Blätter mit brauner Zeichnung, Blüten orangerot.
'Fantasy', graues Laub mit silberner und roter Aderung, orangefarbene Blüten mit gelbem Schlund.
'Lemon Lime', grüne Blätter mit bronzefarbener Zeichnung, große rosa Blüten.
'Pale Lilacina', braune Blätter mit metallisch grüner Mitte, hell lavendelfarbene Blüten.
'Pink Haga', fast jedes Blatt ist etwas anders grün und braun getönt, rosa Blüten.

'Shaw Gardens', kleine, braune Blätter mit rosa Aderung, lavendelfarbene Blüten.
'Silver Streak', silbriggrüne Blätter mit schokoladenbraunen Rändern, rote Blüten.

Sonstige Hybriden:

'Acajou', grüne Blätter mit brauner, waffelartiger Zeichnung, rote Blüten; 'Acajou' ist die Ausgangssorte vieler weiterer Hybriden.
'Butter Oak', braun-grüne Blätter mit »kieseliger« Oberfläche, kleinbleibend und langsamwachsend.
'Centennial', kleine, olivgrüne Blätter mit rosafarbener Aderung, rote Blüten.
'Charlevoix', schmale, dunkelgrüne Blätter mit dunkler Aderung und rosa Schimmer, Neuheit.
'Chocolate Velour', plüschartige, braune Blätter, große, lilafarbene Blüten.
'Columbian Orange', leuchtend apfelgrüne Blätter, rein orangefarbene Blüten.
'Country Cowboy', braune Blätter mit rosa Schimmer und ebensolchen Rippen, rote Blüten.
'Country Cowgirl', olivgrüne Blätter mit auffallend grüner Aderung, orangerote Blüten.
'Emerald Green', grüne Blätter mit silbrigem Schimmer, orangefarbene Blüten.
'Golddigger', bronzegrünes Laub mit roséfarbener Aderung, große orangefarbene Blüten mit gelben Flecken.
'Hallelujah', schokoladenbraune Blätter mit roséfarbener Aderung, sehr schöne rote Blüten.
'Helen O', stark rot und silbern gerippte Blätter mit dunklerem Rand, orangefarbene Blüten.
'Jade', jadegrünes Laub mit rosafarbener Aderung, rote Blüten.
'Kee Wee', bräunlich-grünes Laub mit kräftiger, roséfarbener Aderung, leuchtend rote Blüten.
'Matawinie', roséfarben überhauchte, grüne Blätter mit krausem Rand, Neuzüchtung.
'Mint Julep', silbriggrüne Blätter, dunkle Markierungen aufweisend, orangefarbene Blüten.

'Mont Royal', silbern schimmernde, kupferbraune Blätter mit grünen Adern und braunen Rändern, rote Blüten.

'Pink Panther', bronzebraunes Laub mit grünen Adern und leuchtend rosafarbenen Blüten.

'Raspberry Frost', metallisch grüne Blätter mit dunklen Rändern und rosafarbenen Flecken, himbeerfarbene Blüten.

'Sea Cliff', silbriggrünfarbene Blätter mit schmalen, dunkelgrünen Rändern, rote Blüten.

'Silver Sheen', silbriges, samtiges Laub mit dunkelgrüner Aderung, orangefarbene Blüten.

'Silver Skies', hellgrüne, silbrig schimmernde Blätter mit purpurnen Rändern, rote Blüten, kleinbleibend, für Terrarien.

'Star of Bethlehem', bronzefarbenes Laub, zweifarbige Blüten mit rosafarbenem Stern auf gelbem Untergrund.

'Sun Gold', »kieseliges«, bronzefarbenes Laub, cremegelbe Blüten.

'Temptation', kräftig rosafarbenes Laub mit dunklen Rändern und auffallender Aderung.

'Tricolor', dunkelgrüne Blätter mit hellgrüner Mitte, bei hellem Stand mit goldfarbenen Flecken, orangerote Blüten.

'Tropical Topaz', gekräuseltes, hellgrünes Laub und leuchtendgelbe Blüten.

'Wooly Bear', hellgrüne, stark behaarte Blätter mit roten Markierungen.

Von den Episcien wurden die Gattungen *Alsobia* und *Drymonia* abgetrennt. Diese Pflanzen sind jedoch genauso zu kultivieren wie die oben besprochenen Arten: Warme Temperaturen und hohe Luftfeuchtigkeit sind für gutes Gedeihen notwendig.

Weitere interessante Blattpflanzen finden wir in der Gattung *Nautilocalyx*, die mittlerweile das Topfpflanzensortiment bereichert. Die Blätter dieser stattlichen Gewächse weisen deutliche Rippenbildung und oft andersfarbige Aderungen und Blattzeichnungen auf. Die Kulturbedingungen entsprechen denen von *Episcia*.

Gloxinia (Echte Gloxinie)

Die Arten und ihre Herkunft

Wenn Sie in einer Gärtnerei eine Gloxinie verlangen, wird man Ihnen mit großer Wahrscheinlichkeit eine *Sinningia* verkaufen. Der volkstümliche Name Gloxinie hat sich so eingebürgert, daß viele Leute gar nicht wissen, daß es auch eine Gattung namens *Gloxinia* gibt. Den Namen erhielt sie von L'Héritier, der sie nach dem in Kolmar lebenden Arzt und Botaniker Peter Gloxin († 1784) benannte. Moore unterscheidet deshalb zwischen *Gloxinia of science* und *Gloxinia of horticulture*, wir verwenden erstmals die Begriffe Echte und Falsche Gloxinie.

Während man bei uns die Gattung oft nicht einmal kennt, werden in den USA alle Arten im Handel angeboten. Mehr noch, in den subtropischen Gebieten Floridas wird *G. perennis* sogar als Gartenpflanze verwendet. Möglich ist Freilandkultur natürlich nur dort, wo auch im Winter die Temperaturen nicht unter 18 °C absinken, denn die Gattung *Gloxinia* wächst in den tropischen und subtropischen Gebieten Südamerikas mit einem Verbreitungsschwerpunkt in Kolumbien. Auch bei uns wurde *G. perennis* bereits 1739 eingeführt und war selbst im letzten Jahrhundert noch eine beliebte Pflanze, vor allem für Wintergärten, nicht zuletzt wegen ihres starken Duftes nach Pfefferminze.

Zwischen *Sinningia* und *Gloxinia* bestehen nicht nur dem Namen nach Unterschiede. Topft man die Pflanzen aus und schüttelt die Erde von den Wurzeln, so entdeckt man bei den Echten Gloxinien keine Knollen, sondern schuppige Rhizome, die denen von *Achimenes* in etwa gleichen: Sie sind etwas größer und schuppiger. Die Unterschiede in der Kultur sind deshalb auch nicht allzu groß. Die Blüten haben glockige oder bauchige Kronröhren mit schiefem, nicht besonders großem Saum. Die Gattung umfaßt einige wenige Hybriden und lediglich sechs Arten.

G. gymnostemma ist eine hoch werdende Art mit hellgrünen Blättern. Die Blüten sind fuchsienrot.

G. lindeniana trägt dunkelgrünes Laub mit silberner Aderung. Die Blüten sind lavendelfarben und haben einen weißen Saum.

G. perennis. Diese Art wird bis zu 70 cm hoch und besitzt bis zu 10 cm lange Blätter. Die großen, 3 cm breiten, glockigen Blüten sitzen in Ähren in den Blattachseln und sind purpurblau. Es gibt außerdem eine kompaktere Form namens 'Insignis'.

G. purpurascens wächst sehr stark und wird ebenfalls sehr groß. Die roten Blüten

ähneln kleinen Tabaksbeuteln und bilden sich nur bei hellem Stand.

G. racemosa. Die mittelgrünen Blätter sind elliptisch, die weißen Blüten ragen weit aus dem Laub heraus.

G. sylvatica wird bis zu 60 cm hoch und besitzt schmale Blätter. Die bauchigen Blüten sind außen orangerot, innen gelb mit orangefarbenen Flecken. Sie erscheinen von Juli bis Oktober.

Kultur und Vermehrung

Wie bereits angedeutet, ähnelt die Kultur der Gloxinien der von *Achimenes* sehr. Die schuppigen Rhizome werden im Februar flach in Töpfe oder Schalen gepflanzt. Wer buschige Pflanzen haben möchte, nimmt vier bis fünf für ein Gefäß. Bei 20 bis 25 °C treiben die Triebe rasch aus; ältere Pflanzen schieben während der Vegetationsperiode immer wieder neue nach, die oft gestäbt werden müssen. Mit der Düngung sollte man wie bei *Achimenes* erst beginnen, wenn das zweite Blattpaar voll ausgewachsen ist; dann ist es ratsam, sie regelmäßig alle zwei bis drei Wochen zu wiederholen.

Gloxinien sind recht anspruchslose Pflanzen, die auch auf dem Fensterbrett gut blühen, und zwar drei bis vier Monate lang. Man kann die Pflanzen auch aus Stecklingen nachziehen, die während des ganzen Jahres geschnitten werden können. Sie wurzeln in der Regel leicht und bilden auch rasch Rhizome. Frühjahrsstecklinge blühen meist noch im selben Jahr. Im Herbst stoppt man die Düngung und gibt auch immer weniger Wasser, bis die Pflanze schließlich ganz eintrocknet. Die verdorrten Stengel können entfernt werden, die Rhizome werden trocken und warm (nicht unter 15 °C) überwintert. Erst im Frühjahr werden sie aufgenommen und die Erde entfernt. Gloxinien kommen mit ganz normaler Zimmerpflanzenerde zurecht, vermischt mit etwas scharfem Sand, denn wie die meisten Pflanzen mit Rhizomen vertragen sie keine Staunässe.

Links:
Gloxinia sylvatica
ist Ausgangsart für
neuere Züchtungen.

Rechts:
Gloxinia 'Medea'.

Das Sortiment

'Arion', muschelartige, ovale Blätter und glockenblumenähnliche, purpurrosa Blüten an aufrechten Stielen.

'Chic', kompakter Wuchs und schmale, spitze Blätter, bauchige, orange-gelbe Blüten.

'Damask', die schmalen Blätter und die Stiele sind von haarigem Flaum überzogen, leuchtendrote Blüten mit weißem, dunkelrot geflecktem Schlund.

'Medea' wächst langsam. Die Blüten sind scharlachrot, der gelbe Schlund ist übersät mit purpurfarbenen Tupfen, zahlreiche Ausläufer bildend.

'Medusa Island Sunset', kompakter Wuchs. Die Blätter haben rote Stiele und sind auch auf der Unterseite rot. Die bauchigen Blüten sind außen rosa-orange, der Saum ist leuchtendrot, der Schlund gelb und rot getüpfelt.

'Pegasus', dunkelgrüne Blätter mit roter Rückseite. Die großen, gleichmäßig lilarosafarbenen Blüten sind innen kräftig purpurn.

Auch in Deutschland hat man sich wieder auf die Echten Gloxinien besonnen und bietet als einzige Art und in begrenztem Umfang *G. sylvatica* an, nachdem im Jahre 1980 die Lehr- und Versuchsanstalt für Gartenbau in Kassel den Wert dieser Pflanze erprobt hatte. Wer tiefer in die Gattung *Gloxinia* einsteigen möchte, der muß auf das Angebot der im Anhang genannten ausländischen Versandanbieter zurückgreifen.

Kohleria (Kohlerie)

Die Arten und ihre Herkunft

Nachdem die Kohlerien lange Zeit in Vergessenheit geraten waren, erleben sie zur Zeit in den USA eine wahre Renaissance. Bei uns steht diese noch aus, denn seit dem 1. Weltkrieg werden diese Gesnerien kaum mehr im Handel angeboten. Ihren Namen erhielt die Gattung im letzten Jahrhundert von Eduard August von Regel; er benannte sie zu Ehren des Lehrers der Naturwissenschaften Michael Kohler in Zürich *Kohleria*. Einige Arten wurden zeitweilig unter den Gattungsnamen *Isoloma* und *Tydaea* gehandelt, der jetzige Stand von 65 Species dürfte korrekt sein. Doch seit die Hybridisierung dieser Pflanze enorm zugenommen hat, sind die meisten Arten nur noch in Botanischen Gärten zu finden.

Die Gattung ähnelt *Achimenes* und wird auch vergleichbar kultiviert. Kohlerien sind ausgesprochen reichblühend, die achselständigen Blüten erscheinen einzeln, gebüschelt oder in einer endständigen Traube. Die Pflanzen wachsen aufrecht, werden im Alter jedoch oft schwer und müssen daher gestäbt oder in Ampeln kultiviert werden. Die Blätter fühlen sich weich an und sind wie die Stengel filzig behaart. Ebenso wie Schiefteller bilden auch die Kohlerien schuppige Rhizome, die kleinen Fichtenzapfen ähneln. Der Unterschied besteht in der Kultur: Kohlerien soll man im Gegensatz zu *Achimenes* im Winter nicht einziehen lassen.

Da Kohlerien ausgesprochene Gebirgspflanzen sind, die in Mittel- und Südamerika sowie auf der Insel Trinidad vorkommen, ist die Kultur einfacher als bei Columneen oder Episcien. Kohlerien haben weder die hohen Temperaturansprüche, noch einen so großen Bedarf an Luftfeuchtigkeit wie diese beiden Gattungen. Dennoch haben wir festgestellt, daß sie für gelegentliches Übersprühen mit warmem (!) Wasser sehr dankbar sind. Bei zu trockenem und zu sonnigem Stand rollen sich die Blätter. Im Winter darf die Zimmertemperatur auf bis zu 15 °C absinken, wobei die Pflanzen aber nicht zu feucht gehalten werden sollen. Obwohl auch in England und Amerika die Gärtnereien überwiegend Hybriden kultivieren, haben sie eine ganze Reihe Species im Angebot:

K. amabilis trägt dunkelgrünes, dicht behaartes Laub mit rötlichen Adern an schwachen Stielen. Die Blüten sind rosafarben, zum Schlund hin fast weiß und kräftig dunkelrosa gepunktet.

K. bogotensis stammt wie *K. amabilis* aus Kolumbien. Die Pflanze wird sehr

Blütenformen der Gattungen *Kohleria*.
1 = *Kohleria lindeniana*,
2 = *K. digitaliflora*,
3 = *K. spicata*,
4 = *K. ocellata*,
5 = *K. amabilis*.

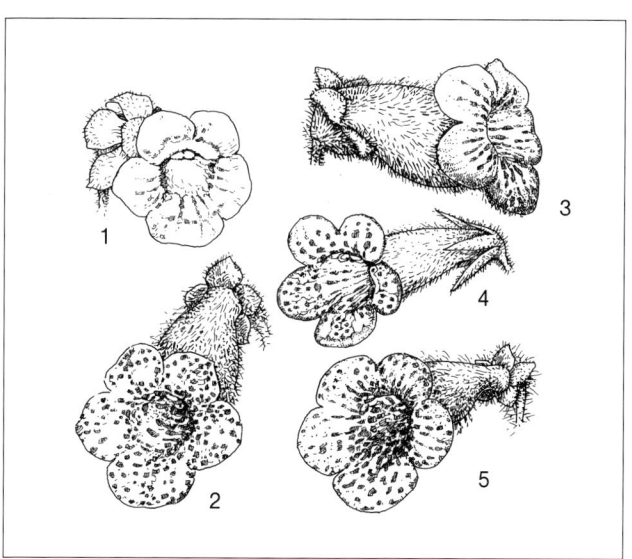

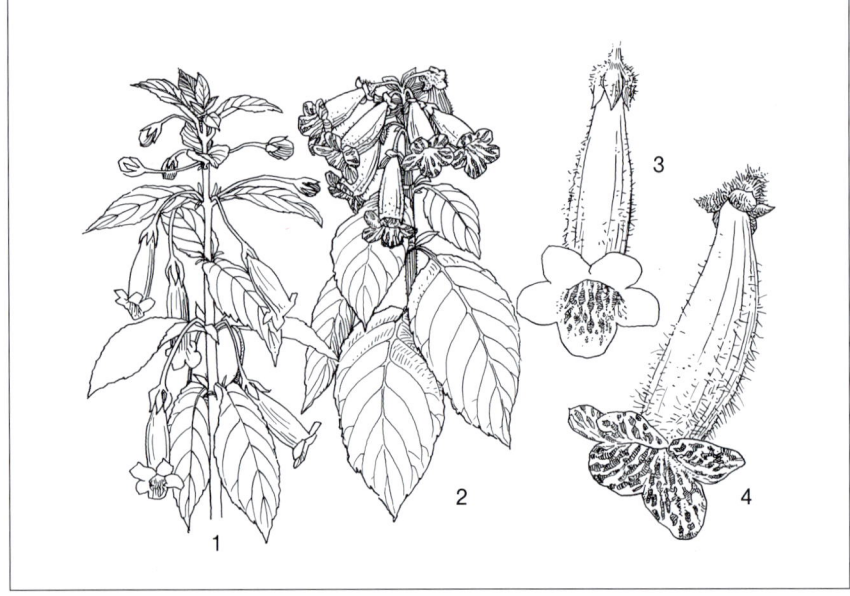

hoch und muß gestützt werden. Die olivgrünen Blätter haben helle Mittelrippen. Die orangeroten Blüten sind im Schlund gelb und zeigen dunkelrote Flecken. Die Auslese 'Grey Feather' hat dicht behaartes, silbergraues Laub.

K. digitaliflora, eine hohe Pflanze mit dunkelgrünem Laub. Die fingerhutähnlichen Blüten sind purpurn, die Kronzipfel cremefarben und purpurrot gepunktet.

K. eriantha. Die schwachen Stiele müssen gestützt werden, wenn man die Art nicht als Ampelpflanze hält. Das dunkle Laub hat rote Ränder, die flaumigen Blüten sind orangerot und innen kräftig gepunktet.

K. hirsuta, eine interessante Pflanze mit bronzefarbenem Laub. Die haarigen, röhrenförmigen Blüten sind außen rot und innen gelb, der Schlund und die Kronzipfel lebhaft rot getüpfelt.

K. hondensis. Die kompakte Pflanze mit rauhen, filzigen Blättern stammt aus Zentralkolumbien. Die röhrenförmigen, gelben Blüten sind mit orangefarbenen Haaren besetzt. Ein sehr ausdauernder Blüher!

K. inaequalis. Ebenfalls sehr kompakt, doch sind die dunkelgrünen Blätter nur mit leichtem Flaum überzogen. Die Röhre ist orangerot, die Kronzipfel sind hellrot und mit dunklen Punkten gezeichnet.

K. magnifica. Die »steppdeckenartigen«, glänzenden Blätter sind mit weißen, die Stengel mit roten Haaren besetzt. Die großen Blüten sind orangerot, die Kronzipfel bis in den Schlund mit dunklen Strichen markiert.

K. pendulina. Die kräftigen Stengel wachsen aufrecht, der Name bezieht sich auf die hängenden Blütenstiele! Die kasta-

nienbrauen Blütenröhren sind außen weiß gepunktet, innen sind sie weiß und braun gesprenkelt, die Kronzipfel haben rosa Markierungen.

K. spicata. Die aus Mexiko stammende Miniaturpflanze trägt schmale, spitze Blätter. Die roten, im Schlund mehr orangefarbenen Blüten sitzen an langen Stielen.

K. villosa. Die gerippten Blätter sind ebenso wie die Stiele mit feinen, weißen Haaren überzogen. Die Blüten sind klein, aber durch ihre leuchtendrote Farbe sehr auffällig.

Kultur und Vermehrung

Kohlerien haben die Mißachtung, die sie in unseren Gärtnereien erfahren, eigentlich nicht verdient. Denn zum einen gibt es eine Unmenge von Hybriden, auch solche, die sehr kompakt wachsen, zum anderen sind die Pflanzen sehr blühwillig und in der Kultur problemlos. Als Pflanzsubstrat nimmt man die übliche Zimmer-

pflanzenerde oder TKS vermischt mit Sand, es wird stets mäßig feucht gehalten. Im Winter wird nur noch ein- bis zweimal die Woche gegossen, Luftfeuchtigkeit und Temperatur brauchen auch nicht so hoch zu sein wie sonst im Jahr. Die Kohlerien machen in der lichtarmen Jahreszeit eine Ruheperiode durch, ohne jedoch völlig einzuziehen wie Schiefteller.

Doch auch wenn draußen Schnee liegt, achtet man auf einen hellen Standort. Im Sommer dürfen die Pflanzen ruhig halbschattig stehen, vor direkter Sonnenbestrahlung sollte man sie schützen. Auch muß bei höherer Temperatur die Luftfeuchtigkeit auf 60 Prozent ansteigen, denn auf trockene Luft reagieren die Pflanzen zwar nicht wie Columneen mit Abwerfen der Blätter, doch kann es passieren, daß sie sich einrollen. Dies ist ein deutliches Zeichen für einen zu lufttrockenen Standort. Ebenso unproblematisch wie die Kultur ist die Vermehrung der Kohlerien. Selbst wenn man sie aus Samen zieht, blühen sie noch im ersten

Standjahr. Will man bereits ab dem späten Frühling eine Blüte erreichen, so pflanzt man Rhizome, die man, wenn sie lang genug sind, teilen kann. Und wenn man dann im Herbst auch noch Stecklinge schneidet, blühen diese bereits gegen Winterende. Keine andere Gesnerie öffnet ihre Blüten so kurz nach der Bewurzelung. Hat die Bewurzelung geklappt, zeigt die Pflanze einen merklichen Wachstumsschub. Jetzt muß man eingreifen, denn läßt man sie einfach wachsen, erhält man lange Einzeltriebe, die gestäbt werden müssen. Der neue Austrieb sollte daher gleich nach dem nächsten Blattpaar ausgezwickt werden, damit sich Seitentriebe entwickeln und sich eine kompakte, buschige Pflanze bildet. Längere Triebspitzen kann man auch während des ganzen Jahres schneiden und topfen; wichtig sind eine genügende Bodentemperatur (über 20 °C) und hohe relative Luftfeuchte zum Bewurzeln.

Da verschiedene Kohlerien sehr schön gezeichnete, breite Blätter besitzen, ist es gar nicht nötig, in ein Pflanzgefäß mehrere Rhizome zu geben. Auch ein einzelnes wächst in einem 7- bis 9-cm-Topf zu einer schönen Pflanze heran. Nimmt man wäh-

rend der Ruheperiode die Pflanzen auf, so findet man oft mehr Rhizome als das gepflanzte im Topf. Man kann diese einzeln setzen oder nimmt für das Wiedereintopfen ein entsprechend größeres Gefäß.

Das Sortiment

Da Kohlerien früher einmal eine große gärtnerische Bedeutung hatten, wie man zum Beispiel der »Wiener Illustrierten Garten-Zeitung« von 1892 oder »Möllers deutscher Gärtner-Zeitung« von 1920 entnehmen kann, gibt (oder gab) es auch eine entsprechend große Anzahl von Hybriden. Man bezeichnete sie je nach der hauptsächlich beteiligten Art als Amabilis-Hybriden, Bogotensis-Hybriden, Eriantha-Hybriden und Sciadotydaea-Hybriden. Zur Sektion, aus der die letztgenannten Sorten stammen, gehört auch die oben erwähnte *K. digitaliflora*. In älteren Büchern findet man immer wieder Einteilungen von Hybriden, heute läßt sich die Entstehung der im nachfolgenden aufgeführten Sorten wohl kaum mehr nachvollziehen.

‘Amadeus’, aufrechter Wuchs, große rosarote Blüten mit weißem Saum, der rosa Markierungen besitzt.

‘Astarte’, hellgrünes Laub. Die rosaroten Blüten sind mit dunkleren Flecken übersät, die weiße Ränder haben.

falsch   richtig

'Bach', mittelstarker Wuchs. Die Röhre ist orangefarben, die Kronzipfel sind rosarot und mit dunklen Flecken gezeichnet.

'Beltane', dunkles Laub, grünlichgelbe Kronzipfel mit kastanienbraunen Flecken und einer fuchsienroten Röhre.

'Beethoven', kräftige, aufrechtwachsende Pflanze, große, rote Blüten mit roten Strichen bis in den weißen Schlund.

'Clown Prince', kleine Pflanze mit grauem Laub, roséfarbene Blüten mit rosa Tupfen auch im hellen Schlund.

'Connecticut Belle', kompakter Wuchs, dunkel geaderte Blätter. Schlund und Flecken der rosafarbenen Blüten sind rot.

'Cybele', kompakte Pflanzen mit spitzen Blättern, kleine, hübsche rote Blüten.

'Dark Velvet', samtig bronzefarbene Blätter an hohen Stielen, rote, röhrenförmige Blüten mit deutlichen Flecken auf dem gelben Saum.

'Emily Roberts', haariges Laub, zartrosa Blüten mit kräftig rosafarbener Zeichnung.

'Empress' wird sehr hoch, hübsche weiße Blüten mit leuchtend rosafarbener Zeichnung.

'Flamingo', mittelhoch, rot gerandete Blätter. Bei der Röhre sind die oberen Kronzipfel rosa, die unteren weiß mit dunkelroten Flecken.

'Flirt', kleine Pflanze mit blaugrünem Laub, rosafarbene Blüten mit kirschroten Flecken, Dauerblüher.

'Ganymede', kleinbleibend mit olivgrünen Blättern, orangefarbene Blüten mit gelbem Saum.

'Hanna Roberts', dunkelgrünes Laub, rosa Röhre und gelbe Kronzipfel mit dunkelrosa Flecken.

'Jester', niedriger Wuchs, graues Laub. Die Blüten sind kräftig amethystviolett.

'Laura', gekräuselte Blätter, zart roséfarbene Blüten mit intensiv rotfarbenen Flecken.

'Linda', kleine Pflanze mit haarigen Blättern, zartrosa Blüten mit roten Tupfen.

'Longwood', hoch mit bronzefarbenen Blättern, große, rote Blüten mit weißen Flecken.

'Lono', sehr wüchsig und hoch. Der grünliche Saum ist purpurn gefleckt, die Blüten sind fuchsienrot.

'Lucianii', hellgrüne Blätter, große, orangerote Blüten mit purpurrotem Saum; eine sehr alte Hybride.

'Maku' wird hoch. Die rosaroten Blüten sind übersät mit purpurfarbenen Flecken, die ein weißes Rändchen haben.

Kohleria-Hybride 'Pamela'.

'Red Ryder', kompakte Pflanze mit dunkelgrünem Laub, gelbe Blüten mit kastanienbraunen Flecken.

'Regent', dunkelgrünes Laub, auffällige gelbe Blüten, die purpurn und mahagonifarben gezeichnet sind.

'Strawberry Fields', »kieselige« graue Blätter, leuchtendrote Blüten mit weißem Schlund.

'Tane', dunkelgrüne Blätter mit roter Rückseite, tangerinfarbene Blüten mit zahlreichen roten Flecken.

'Pele', samtiges, dunkles Laub, große, purpurrote Blüten, innen weiß und stark punktiert.

'Peppermint', kompakt, graugrünes, haariges Laub, weiße, rosafarben gezeichnete Blüten.

'Punch', robuste, attraktive und ständig blühende Pflanze, dunkelrosa, rot gestrichelte Blüten.

Da Kohlerien meist nicht buschig bleiben und sehr empfindlich gegen kaltes Wasser auf den Blättern sind, lassen sie sich schwer vermarkten. So haben sich nicht einmal die schönen und sehr kompakten neuen Sorten des Züchters Mainusch durchsetzen können, die wie viele andere Hybriden von Juni bis in den September hinein blühen.

Ein ähnliches Schicksal erleiden die Pflanzen der Gattung _Smithiantha_, die die Gärtner ungern ziehen, da sie sich nicht gut transportieren lassen. Die Blüten ähneln denen der Kohlerien, doch stehen sie in einer endständigen Traube. Die schuppigen Rhizome sind genauso zu kultivieren wie die der Gattung _Achimenes_, man bekommt sie aber nur von ausländischen Anbietern. In Deutschland ist Samen im Handel erhältlich, die Anzucht ist einfach.

Sinningia (Falsche Gloxinie, Gloxinie)

Die Arten und ihre Herkunft

Die Schuld an dem Namenswirrwarr zwischen *Gloxinia* und *Sinningia* trägt *Sinningia speciosa*: Diese Pflanze war 1815 aus Brasilien nach England unter dem Namen *Gloxinia speciosa* eingeführt worden. 1849 benannte man sie in *Ligeria speciosa* um, bevor man endgültig erkannte, daß sie zu der bereits seit 1829 existierenden Gattung *Sinningia* gehört. Diese erhielt ihren Namen von Christian Nees zu Ehren des Bonner Universitätsgärtners Wilhelm Sinning. Das Verwirrspiel ist aber bis heute nicht beendet, denn neuere Autoren schlagen auch die 75 Arten von *Rechsteineria* den 15 bis dahin existierenden von *Sinningia* hinzu. Wir beschränken uns im Rahmen dieses Büchleins auf die ursprünglichen Sinningien, da die aus *Sinningia speciosa* hervorgegangenen Gartengloxinien das Maßgebliche unserer Ausführungen sind.

Die aus Brasilien stammenden Species sind nur selten in Kultur zu finden, obwohl sie ihren ganz besonderen Reiz haben. Denn im Gegensatz zu den radiärsymmetrischen Blüten unserer Hybriden haben die Species zygomorphe. Dies heißt, daß die unteren Kronabschnitte etwas größer sind als die oberen. Im Jahre 1845 bemerkte der schottische Gärtner Fyfe das erste mal in seinen Nachzuchten von *S. speciosa* gleichmäßig runde Kronblätter. Während Fyfe zunächst an unabsichtlich beigemengtes Saatgut einer anderen Gattung dachte, wissen wir inzwischen, daß solche Mutationen bei den Sinningien gar nicht so selten vorkommen.

Wie bei *Gloxinia* handelt es sich auch bei *Sinningia* um meist niedrige Kräuter mit zottig oder flaumig behaarten Stengeln, an denen gegenständige, große, oft langgestielte Blätter sitzen. Topft man die Pflanzen jedoch aus, so wird der Unterschied sehr augenscheinlich: Die Echten Gloxinien besitzen schuppige Rhizome, die Falschen fleischige Knollen. Bei den Hybriden können diese bis faustgroß sein, während es bei manchen Species gerade zur Kirschgröße reicht. Beim Pflanzen gibt es keine Schwierigkeiten, denn die schlafenden Augen an der Oberseite sind deutlich sichtbar, während auf der Unterseite oftmals noch die Wurzelreste vom Vorjahr zu sehen sind. Neben den *Sinningia*-Speciosa-Hybriden sind folgende in den USA angebotenen Arten sehr empfehlenswert:

S. aggregata. Diese hochwachsende Art gibt es in zwei Formen: mit waagrecht sitzenden, kleinen, roten Blüten und als Form 'Pendulina' mit hängenden, orangeroten Blüten.

S. barbata. Diese Art ist die Ausnahme von der Regel, denn sie bildet keine Knolle. Sie trägt hellgelbe Blüten in Form einer »Holländischen Pfeife« und zieht im Winter nicht ein.

S. eumorpha zeigt ebenfalls eine sehr interessante Blütenform mit stark vergrößerten unteren Kronzipfeln. Die weißen Blüten sind zum Schlund hin gelb und lavendelfarben gezeichnet.

S. hirsuta hat sehr schönes, rosettenartiges angeordnetes, stark behaartes Laub. Die zahlreichen weißen Blüten haben einen purpurfarbenen Schlund.

S. incarnata. Der Trailer hat stark gerippte Blätter, die röhrenförmigen, orangefarbenen Blüten sind sehr bauchig.

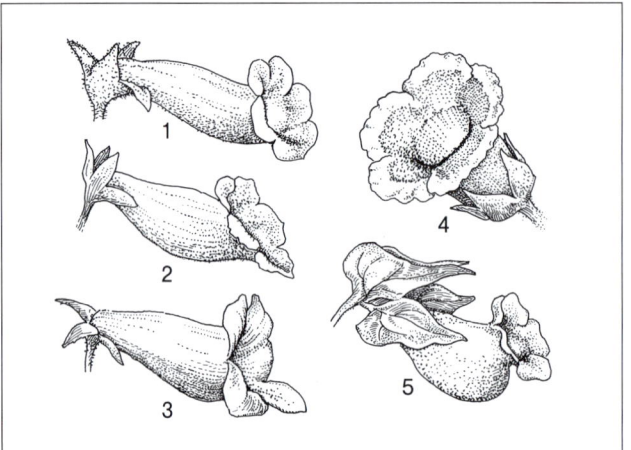

großer »Unterlippe« und purpurfarbenen Linien im Schlund.

S. sellovii. Aus dem dunkelgrünen Laub ragt ein endständiges Büschel von rosaroten, großen, behaarten Blüten.

S. speciosa. Obwohl dies die Vorfahrin unserer »Gloxinien« ist, sieht sie doch ganz anders aus. Die bis 4 cm langen und bis zu 6 cm breiten, violettblauen Blüten hängen leicht geneigt an den Stielen.

S. tubiflora. Auch bei dieser Pflanze hängen die duftenden, weißen Blüten mit den schmalen Röhren am Stiel. Sie braucht einen sehr hellen Standort, um kompakt zu wachsen.

S. macrorrhiza. Eine wüchsige, hohe Pflanze mit samtigem, hellgrünem Laub. Die orangeroten Blüten besitzen eine lange Röhre.

S. pusilla. Ein nur 2,5 cm hohes Pflänzchen mit kleinen, rundlichen Blättern und einzelnen, auf dünnen Stielen stehenden, blauvioletten Blüten mit weißem Schlund. Im Winter soll man die eingezogenen Pflanzen nicht völlig austrocknen lassen.

S. richii. Ein Trailer mit großen Blättern. Er bildet ausdauernde weiße Blüten mit

Kultur und Vermehrung

Etwas kompliziertere Ansprüche an die Kultur stellen nur die Arten, die im Winter nicht einziehen, sowie die nachfolgend aufgeführten Miniatur-Hybriden. Da diese meist von *S. pusilla* abstammen, gilt auch hier, daß die Pflanzen zwar den Winter über einziehen und eine Ruheperiode benötigen, daß man aber die im Verhältnis zu den Gartengloxinien viel kleineren Knollen nicht völlig trocken oder außerhalb der Erde lagern darf. Einmal wöchentlich wird das Substrat leicht angefeuchtet, umgetopft wird zu Beginn des Frühjahrs, bevor die neuen Triebe sich zu regen beginnen.

Ansonsten gilt das nachfolgend Gesagte vor allem für die Sinningien, die man unter der Bezeichnung Gloxinien in jedem Gartencenter bekommt, und zwar gegen Ende des Winters als Knollen und zum Muttertag als blühende Pflanzen. Wenn sie im Herbst das Laub einziehen, landen sie meist auf dem Kompost. Dies ist nicht verwunderlich, wenn man weiß, daß die Muttertagspflanzen aus Samen gezogen werden. Die Knollen, die sich im Laufe des Jahres entwickeln, sind meist so klein, daß sie die Trockenperiode nicht überstehen, zumal wenn man sie aufnimmt. Sie sollten also im Topf bleiben und zumindest im ersten Winter stets etwas feucht gehalten werden. Die Tempe-

Sinningia macrophylla.

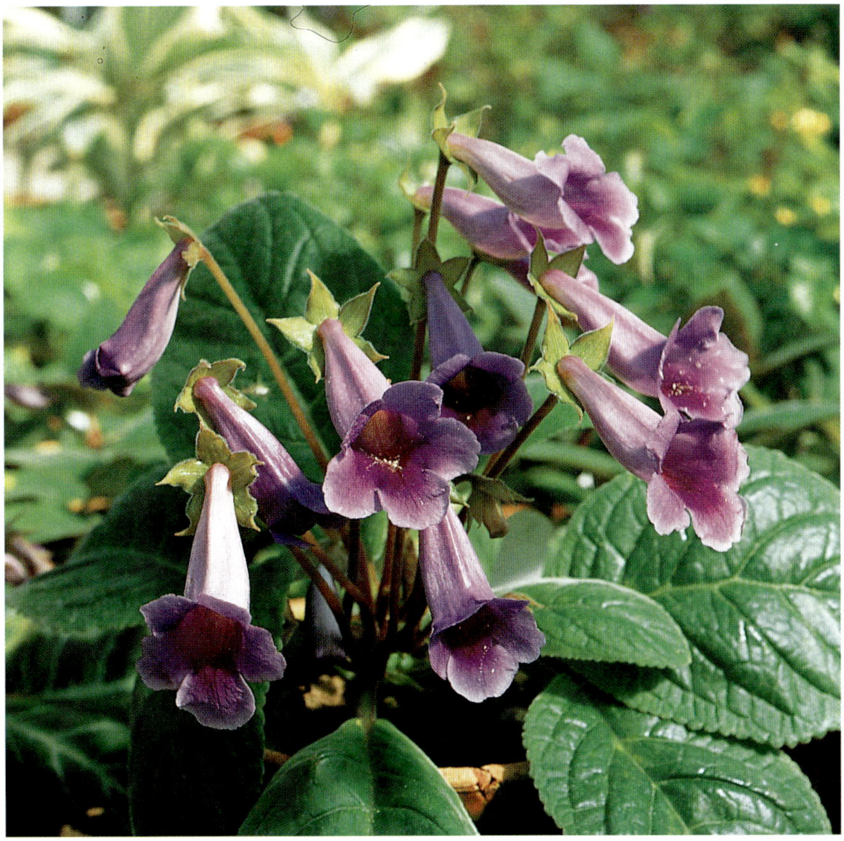

Unten:
1 = *Sinningia speciosa,*
2 = *S. tubiflora.*

raturen dürfen keineswegs so niedrig liegen wie bei den trocken gelagerten Knollen.

Etwas anderes ist es, wenn Sie Knollen erwerben, um diese selbst zur Blüte zu bringen. An diesen können Sie jahrelang Freude haben. Die nahezu kinderfaustgroßen Bollen, die aber nur noch von wenigen belgischen Gärtnereien erzeugt und über Gartencenter und Versandhäuser angeboten werden, kommen in so große Töpfe, so daß sie mit etwa 3 cm Erde abgedeckt werden können. Anfänglich wird nur wenig gegossen, die Erde soll feucht, aber nicht naß sein. Erst wenn der Trieb aus dem Boden schaut, wird die Pflanze regelmäßig gewässert. Die Temperatur sollte während des Antreibens über 20 ° C liegen. Weiterkultiviert wird *Sinningia* bei 18 bis 20 °C. Wenn im Sommer die Temperaturen auf 25 °C ansteigen, fühlen

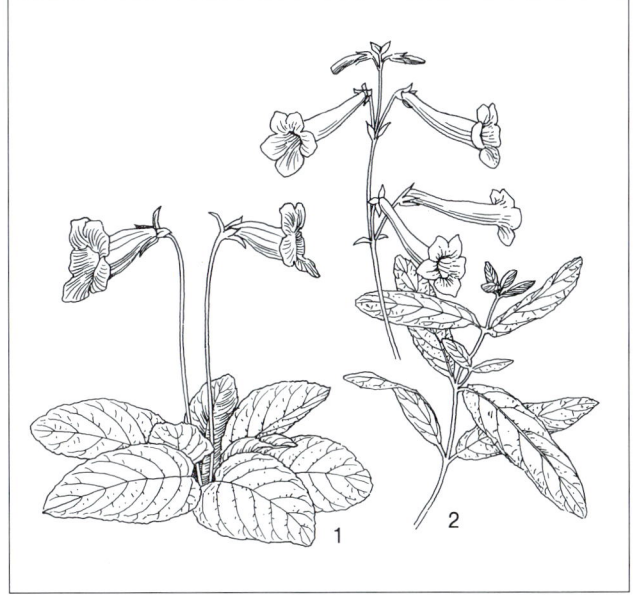

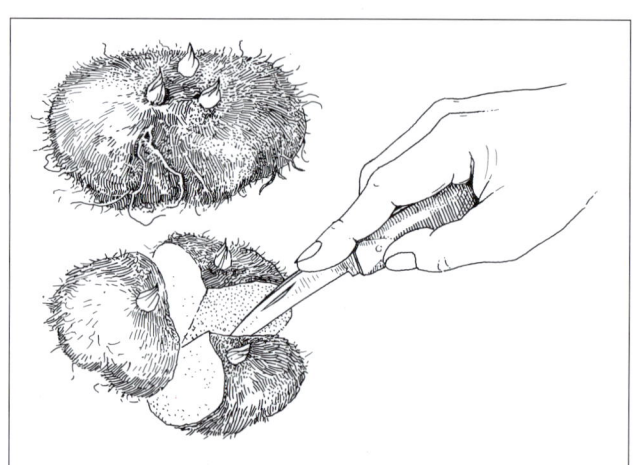

sich die Pflanzen besonders wohl. Allerdings mögen sie keine direkte Sonneneinstrahlung. Sobald sich Blätter zeigen, muß schattiert werden. Ebenso sollte mit zunehmender Temperatur auch die Luftfeuchtigkeit steigen.

Während des Wachstums bis zur Blüte wird dem Gießwasser allwöchentlich etwas Flüssigdünger beigemischt. Um den Blüten genügend Raum zur Entfaltung zu geben, kann man aus der Mitte des Laubes einige Blätter herauszwicken. Diese brauchen Sie nicht wegzuwerfen, denn auch sie dienen der Vermehrung. Nach der Blüte werden die Wassergaben verringert und im Herbst völlig eingestellt. Die Töpfe mit der ausgetrockneten Erde können bei 12 bis 15 °C im Keller gelagert werden, erst vor dem erneuten Pflanzen wird man die Knollen aufnehmen. Bevor sie in die übliche Zimmerpflanzen-Erdmischung gesetzt werden, schüttelt man die Erde ab und entfernt alle Wurzelreste. Wenn die Knollen sehr groß sind und mehrere Augen zeigen, kann man sie, ähnlich wie Begonien, auch mit einem scharfen Messer in mehrere Teile zerlegen. Jedes Teilstück sollte mindestens einen Trieb besitzen, sonst ist es wertlos. Man kann die Schnittflächen mit einem Fungizid oder etwas Holzkohlenpuder bestäuben, um Fäulnis zu verhindern. Auf keinen Fall dürfen die geteilten Knollen nach der Pflanzung zu feucht gehalten werden.

Eine weitere gute Möglichkeit für den Hobbygärtner, schnell zu einem größeren Bestand von Pflanzen zu kommen, ist es, Blattstecklinge zu schneiden. Wie bei allen Gesnerien treiben diese rasch Wurzeln und bilden nach sechs bis acht Wochen sogar kleine Knöllchen, die abgenommen und weiterkultiviert werden können. Da man *Streptocarpus* auf ähnliche Art und Weise vermehrt, wird dies dort noch genauer besprochen werden (siehe Seite 86).

Was für den Liebhaber eigentlich nicht in Frage kommt, ist die generative Vermehrung. Denn zum einen erfordert die Aufzucht der staubfeinen Samen sehr viel Sorgfalt und fast sterile Sauberkeit, zum anderen ist sie nur bei entsprechender Temperatur und hoher Luftfeuchtigkeit möglich. Zudem macht der große Lichtbedarf der Jungpflanzen künstliche Belichtung notwendig. All dies ist zu Hause kaum gegeben, so daß man die Aussaat nur sehr experimentierfreudigen Hobbygärtnern empfehlen kann. Mit der Aussaat von Species, die man oft nur als Samen bekommt, sollte man warten bis zum Frühjahr, um wenigstens helles Licht (aber keine Sonne) für die Jungpflanzen zu haben. Gartenbaubetriebe hingegen säen die Kulturen im Herbst aus, um nach einer Kulturzeit von 120 bis 140 Tagen blühende Ware verkaufen zu können.

Das Sortiment

Die züchterische Bearbeitung der Gattung *Sinningia* begann bereits 1840, vor allem in England. Kurze Zeit später tauchten die ersten radiärsymmetrischen Blüten auf, ab 1870 findet man im Sortiment der Gärtner fast nur noch solche Arten. Inzwischen bereichern wieder zygomorphe Miniatursorten das Angebot. Zudem gibt es seit Ende des vorigen Jahrhunderts Blüten mit sieben anstatt fünf Kronblättern, eine Mutation, die gelegentlich vorkommt.

Auch in Deutschland hat die Gloxinienzüchtung eine lange Tradition. Ende des 19. Jahrhunderts waren Erfurter Gärtnereien sehr damit beschäftigt, samenkonstante Sorten zu züchten; Heinemann und Benary verbuchten hier die ersten Erfolge. 'Wandsbecker Rot', von der Gärtnerei Jank in Hamburg, wurde ab 1907 die marktbeherrschende Sorte, das blaue Gegenstück war 'Wandsbecker Kind'. In den zwanziger Jahren verlagerte sich der Schwerpunkt des Anbaus nach Berlin, die 1932 eingeführte Sorte 'Gierths Rote' ist immer noch im Anbau. Heute werden *Sinningia* überwiegend als F_1-Hybriden gezogen, ein Nachbau der geschützten Sorten ist nicht möglich.

Ähnlich wie bei *Saintpaulia* müssen wir im folgenden unterscheiden zwischen deutschen Marktsorten und englischen und amerikanischen Liebhabersorten. Die Adressen der deutschen Züchter finden sich im Anhang, allerdings liefern sie nicht direkt an Endverbraucher.

Sinningia-Hybride.

Linke Seite unten:
Sinningia leuco-tricha.

Deutsche Marktsorten

Benary. Die außergewöhnlichste Sorte ist sicherlich die F_1-Hybride 'Gregor Mendel' mit roten, gefüllten Blüten und weißem Rand. Ähnlich, aber mit einfachen Blüten, ist die F_1-Hybride 'Finesse rot mit weißem Saum'. 'Berliner Weiß', 'Berliner Rot' und 'Berliner Blau' sind kompakte Sorten mit etwas schwacher Knospenbildung.

Erfurter Samenzucht. Die Sorten sind meist sehr kompakt mit gutem Knospen- und Blütenbesatz. Die biegsamen Blätter ergeben gute Verpackungseigenschaften. Rot ist die beherrschende Marktfarbe, die einfarbige 'Scharlachkugel' und 'Schweizerland' mit weißem Rand gehören zu den absoluten Standardsorten. Es gibt aber auch andere Farben wie F_1 'Mittelblau 1095-83', F_1 'Dunkelblau mit weißem Schlund' oder F_1 'Leuchtendrosa mit hellem Schlund 1278-85'. Getigerte Sorten sind nicht im Sortiment.

Meisert. Neben der klassischen Form, die Meisert mit dem Präfix »Ciano« versehen hat, stammen auch die 'Streptoglox'-Sorten von ihm. Es handelt sich hier keineswegs um eine Einkreuzung von *Streptocarpus*, sondern um Pflanzen mit nikkenden oder waagrechten, manchmal auch etwas zygomorphen Blüten. Beide Serien sind F_1-Hybriden, wie etwa 'Ciano Rakete rot getigert', 'Ciano Dunkelblauer Samt' und 'Ciano Pfirsichblüte' oder 'Streptoglox Dunkelscharlach' und 'Streptoglox Blau getigerter Schlund'.

Michelssen. Eine weitere Reihe ist die 'Nordland'-Serie. Sie zeichnet sich aus durch überreichen Knospenbesatz bei vollblütigen, verkaufsreifen Pflanzen, straff aufrechtem Blütenstand mit kräftigen Stielen, sowie Viel- und Weichblättrigkeit, was eine leichte Verpackung garantiert. Neben der scharlachroten F_1-Hybride 'Nordland Glut' sind unter anderen die dunkelblaue 'Nordland Blaues Rokoko' mit gefranstem Rand, 'Nordland Rosa Traum', deren roter Schlund zum Rand hin aufhellt, sowie 'Nordland Varia' in verschiedenen Rosatönen im Handel.

Wagner. Das Suffix »Rasse Keller« ist das Markenzeichen dieser Sorten, die alle einen sehr starken Knospenansatz haben. Lediglich die Kulturzeiten variieren sehr von 'Blaues Band Rasse Keller' mit 122 Tagen bis zu 'Diana Rosa Rasse Keller' und 'Weißes Segel Rasse Keller' mit jeweils 152 Tagen, was eine einheitliche Vermarktung etwas erschwert.

Zwaan Pannevis. Einheitlicher ist das Aufblühen der 'Gloria'- und 'Gloriosa'-Sorten, die sehr große Pflanzen ergeben. Es gibt unter anderem 'Gloria Blau mit weißer Mitte', 'Gloriosa Scharlachrot' sowie 'Gloriosa Rot mit weißem Rand'.

Englische und amerikanische Liebhabersorten

Standard (über 25 cm Durchmesser):

'Adam Leitze', hellgrün, weiches Laub, rote Blüten.
'Allen Gardens', haarige, rosa Blüten mit langer gelber Röhre, auf den unteren Lippen purpurne Zeichnungen.
'Apricot Bouquet', Trailer mit röhrenförmigen, pfirsichfarbenen, duftenden Blüten.
'Platinum Plus', leuchtendrote, aufrechte Blüten.

Kompakt (12,5 bis 25 cm Durchmesser):

'Alruth', lavendelfarbene Röhre, ebensolche Streifen im pfirsichfarbenen Schlund.
'Angora Love', lachsfarbene Blüten mit lavendelfarbenem »Gesicht« und purpurnen Flecken im Schlund.
'Double White Swan', weiße, samtige, gefüllte Blüten.
'Ken Hodge', lavendelfarbene Blüten mit großer Unterlippe, kräftige Schlundzeichnung.
'Maggie O.', weiße, zygomorphe Blüte mit rotem Schlund.
'Pale Beauty', sehr große, zartrosa Blüten mit gelbem Schlund.
'Piccadilly', die Blüten sind außen zart pfirsichfarben, innen kräftig purpurn.
'Red Fantasy', große, gefüllte rote Blüten auf kräftigen Stielen.

'Strawberry Sundae', weiße Blüten mit großer Unterlippe und himbeerrosafarbenem Schlund.
'Rex', eine Serie von ähnlichen Pflanzen mit orangeroten Blüten, die im Schlund dunkle Linien haben.
'Tom Thumb', rote, glockenförmige Blüten mit weißem Rand.
'Vera Heise', leuchtend fuchsienrosa Blüten.

Miniatur (5 bis 12,5 cm Durchmesser):

'Charm', pink-orangefarbene Blüten mit einer sternförmigen, purpurroten Zeichnung.
'Cherry Doll', schmale, magentarote Röhre mit breitem rosa Saum, rot gefleckt.
'Cindy-Ella', purpurfarbene Blüten mit weißem Saum, die unteren Blütenblätter sind kräftig gezeichnet.
'Elena', kräftig rosa Blüten mit gelbem Schlund, auf den unteren drei Kronzipfeln fuchsienrote Striche.
'Fantasia', lavendel-cremefarbene, gerüschte Blüten mit weinrotem Schlund.
'Freckles', immerblühender Trailer. Die oberen Kronzipfel sind hellpurpur, die unteren weiß mit purpurfarbenem Rand.
'Glinda', hell lavendelfarbene Blüten mit kräftig violettroten Flecken und Linien im gelben Schlund.
'High Voltage', lachs-orangefarbene Blüten mit purpurrotem Auge.
'Kalendar Prince', die oberen Kronzipfel sind rosarot, die unteren weiß, purpurfarbene Linienstruktur im Schlund, lange blühend.
'Laura', purpurfarbene Blüten mit noch dunklerem Auge in einem preiselbeerroten Schlund mit braunen Linien.
'Mercury', außen fuchsien-, innen kirschrot mit dunklen Flecken.
'Miriam G.', purpurfarbene Blüten mit unregelmäßiger, lavendelfarbener Zeichnung.
'Mollie L.', purpurne, samtige Blüten mit noch dunkleren Strichen.
'Pandora', dunkle, purpurfarbene Blüten mit ebensolchen Linien und Flecken im gelben Schlund.

Linke Seite oben:
Sinningia-Hybride 'Scharlachkugel'.

Linke Seite Mitte:
Sinningia-Hybride 'Brocade'.

Linke Seite unten:
Sinningia-Hybride, 'Gloriosa Hellviolett'.

Sinningia-Hybride 'Leo'.

'Paper Moon', hell lavendelfarbene Blüten mit Schlundflecken. Diese Sorte bildet keine Knolle und hat keine Ruheperiode.

'Peaches', röhrenförmige, pfirsichfarbene Blüten, guter Blüher.

'Renee', die oberen zwei Kronzipfel sind purpurn, die unteren weiß mit dunklem Rand. Der gelbfarbene Schlund ist gepunktet.

'Silhouette', große, violette Blüten, sehr wüchsig.

'Ted Bona', die oberen Blütenblätter sind violett, die unteren weiß mit purpurfarbenem Rand, die Schlundzeichnung tritt kräftig auf.

'Tinkerbells', Trailer mit zahlreichen purpurroten Blüten.

'White Lightning', hellrosa mit weißem Saum, im Inneren zahlreiche kastanienbraune Streifen.

Micro-Miniatur (weniger als 5 cm Durchmesser):

'Bright Eyes', dunkelpurpurne Blüten mit weißem Auge.

Sinningia cardinalis.

'Golliwogg', außen creme-lavendel, innen cremeweiß mit rosa Punkten und Strichen.

'Little Tiger', weiß-purpurfarbene Blüten mit dunklen Flecken.

'Mighty Mouse', wüchsiger Trailer mit winzigen, lavendelfarbenen Blüten.

'Razzmatazz', dunkelpurpurne, gerüschte Blüten, von denen jede anders mit weißen Linien gezeichnet ist.

'Snowflake', reinweiße Blüten mit gerüschtem Rand.

'White Sprite', eine Serie mit außen weißen, innen gelben Blüten.

'Wood Nymph', gerüschte, purpurfarbene Blüten mit weißem, geflecktem Schlund.

Während deutsche Marktsorten fast nur radiärsymmetrische Blüten besitzen, haben amerikanische Miniatursorten gelegentlich, Micro-Miniaturen stets zygomorphe Blüten. Die Gattung *Rechsteineria* gehört mittlerweile zu *Sinningia*. Trotzdem wird *Sinningia cardinalis* oft noch als *Rechsteineria cardinalis* angeboten. An den 20 bis 30 cm hohen Stielen erscheinen in den Blattachseln samtig rote, bis 7 cm lange Blüten. Auch andere unter *Rechsteineria* angebotene Arten sind für Sammler empfehlenswert, vor allem der weiß behaarten Blätter wegen.

Streptocarpus (Drehfrucht)

Die Arten und ihre Herkunft

Geographisch gesehen endet unser Exkurs über die Gesnerien dort, wo er begann, nämlich in Afrika. Denn die meisten der 132 *Streptocarpus*-Arten wachsen dort, nur einige wenige auf Madagaskar, in Burma und Thailand. Bei der großen Zahl der Arten und der weiten räumlichen Verbreitung sind sowohl ihre Wuchsform als auch ihre Kultur sehr unterschiedlich. Man unterscheidet zwischen Species mit aufrechten, beblätterten Stengeln, fast stammlosen mit rosettenartig gestellten Blättern und solchen, die nur ein Laubblatt bilden.

Da die Gattung *Streptocarpus* auf der Südhalbkugel zu Hause ist, blüht sie dort im Winter und legt den Sommer über eine Ruhepause ein. Doch selbst Pflanzen, die im Februar in den Norden exportiert wurden, stellten sich sofort auf die Umstellung der Jahreszeiten ein und begannen im Frühjahr mit dem erneuten Austrieb. Die Ruheperiode ist aber nicht wie bei verschiedenen anderen Gesnerien zugleich eine Trockenperiode. Völliges Austrocknen bedeutet den Tod der Pflanzen. Dies wird einem klar, wenn man sich die Naturstandorte vergegenwärtigt: Ein großer

Streptocarpus dunnii.

Teil der *Streptocarpus*-Arten wächst in tropischen Regenwäldern, und selbst von den Arten, die aus der südafrikanischen Kapprovinz kommen, leben die meisten in Wäldern. Dort sind sie vor zuviel Sonne und Austrocknung geschützt. Lediglich ein kleiner Teil kommt in felsigem Gelände vor.

Die Gemeinsamkeit zwischen den diversen Arten besteht darin, daß es sich fast stets um Kräuter mit zottig oder wollig behaarten Blättern handelt. Ein Speicherorgan wie beispielsweise eine Knolle ist nicht vorhanden, auch wenn die Blätter bei manchen Arten einer rhizomartigen Verdickung der Wurzeln entspringen. Die Blütenröhre ist in der Regel lang und schmal, die Kronzipfel können sehr groß sein. Dabei sind die oberen zwei meist kleiner als die unteren drei, was einen schiefen Saum ergibt. Auffällig sind die zwei- bis vierklappigen Früchte, die spiralig gedreht sind und staubfeinen Samen enthalten. Diese Eigenheit gab der Gattung den deutschen Namen »Drehfrucht«.

Obwohl die Unterteilung der Gattung in die beiden Untergattungen *Streptocarpus* und *Streptocarpella* nur von botanischer Bedeutung ist, sagt sie dem Samm-

ler doch eine ganze Menge über die Kultur. Denn während die Arten der ersteren Untergattung in Süd-, Zentral- und Ostafrika sowie Madagaskar zu Hause sind, kommen die Arten der zweiten im tropischen Afrika und Asien vor. Dies bedeutet, daß sie sehr viel höhere Ansprüche an Temperatur und Luftfeuchtigkeit stellen und deshalb weitaus schwieriger zu kultivieren sind, als die eigentlichen *Streptocarpus.* Besonders im Winter kann man letztere Arten, und ebenso die dazu gehörenden Hybriden, bei kühleren Temperaturen halten, was ein geschlossenes Blumenfenster oder ein geheiztes Gewächshaus überflüssig macht.

Da nur die wenigsten Arten im Handel erhältlich sind, muß der größte Teil unerwähnt bleiben. In Deutschland kaum zu haben, aber in England und in den USA angeboten werden:

S. candidus, ein rosettenbildender *Streptocarpus* mit rhizomartigem Wurzelstock. Die kleinen, weißen Blüten sind auf den unteren Kronblättern blau gezeichnet und duften nach Honig.

S. caulescens. Die gegenständigen Blätter sitzen an einem aufrechten, bis 60 cm hohen Stiel, an dem eine Menge nicken-

Streptocarpus rexii.

der, kleiner, hellblauer Blüten sitzen. Sie ähneln Veilchen.

S. cyaneus bildet Rosetten mit bis zu 15 cm langen Stielen, an denen je zwei sehr schöne, roséfarbene, im gelben Schlund violett gestrichelte Blüten sitzen.

S. glandulosissimus. Die Violett- oder kräftig blauen Blüten öffnen sich an 15 cm hohen Stielen. In der Natur wächst diese Art in der unmittelbaren Umgebung der Saintpaulien (Uluguru- und Usambaraberge, Teita-Hügel).

S. grandis. Das einzelne Blatt wird 40 cm lang und 30 cm breit. Die Blüten stehen in lockeren Trauben am 50 cm hohen Stiel. Sie sind hell purpurfarben, im Schlund dunkler, die Unterlippe ist fast weiß.

S. polyanthus gehört zu den einblättrigen Arten, obwohl bis zu drei austreiben. Sie bildet violettblaue Blüten mit kalkweißem Unterton, der längliche, helle Schlund ähnelt einem Schlüsselloch.

S. primulifolius ist rosettenbildend mit bis zu 4 Blüten am 25 cm hohen Stiel. Bei *S. primulifolius* ssp. *primulifolius* sind sie hellviolett und mit Strichen, bei *S. primulifolius* ssp. *formosus* weißlich und mit Strichen und Punkten gezeichnet.

S. rexii. Die 15 bis 30 cm hohen Stiele entspringen Blattrosetten. Die trompetenförmigen Blüten sind hellblau bis lila, die unteren Kronblätter mit purpurfarbenen Strichen gezeichnet. Reich- und langblühende Art.

S. rimicola. Die einblättrige Miniaturpflanze trägt bis zu neun kleine, weiße Blüten an einem Stiel, der nicht einmal 10 cm hoch wird. Die einjährige Art muß immer wieder aus Samen nachgezogen werden.

S. saxorum, ein Trailer mit niederliegenden Stielen, gut geeignet für Ampeln. Die Blüten sind außen kreideweiß, der Saum ist hellviolett mit einem reinweißen Schlundfleck.

Kultur und Vermehrung

Neben den Usambaraveilchen und den Sinningien ist die Gattung *Streptocarpus* die dritte große Gruppe der in Deutschland kultivierten Gesnerien. Dies liegt zum einen an der leichten Vermehrbarkeit, die sowohl vegetativ vorgenommen wird als auch neuerdings mit F₁-Hybrid-Sorten. Zum anderen ist die Kultur völlig problemlos und die Blüte von extrem langer Dauer. Und schließlich ist *Streptocarpus* eine der wenigen Zimmerpflanzen, deren Blüten man zum Schnitt für die Vase verwenden kann.

Wer die Arten kultivieren will, der braucht ein geschlossenes Blumenfenster, in dem auch im Winter die Temperatur nicht unter 18 °C, bei den einblättrigen Arten nicht unter 20 °C absinkt. Zudem ist beim Topfen dieser etwas heikleren Species darauf zu achten, daß das einzige Blatt nicht am Boden aufliegt und verfault, die Pflanze wäre sonst verloren. Unproblematisch sind alle Arten aus der Kapprovinz sowie die Hybriden, diese kann man auf jedem Fensterbrett halten. Die Züch-

Streptocarpus-Hybride.

ter sind bemüht, kleinere Sorten bis hin zu Miniaturformen zu schaffen, die auch mit dem geringen Platz am Fenster zurecht kommen. Diesen macht es auch nichts aus, wenn die Luftfeuchtigkeit von 60 Prozent, wie sie die tropischen Arten lieben, nicht erreicht wird.

Besonders einfach ist die Kultur der Pflanzen dadurch, daß man sie im Winter, wenn sie nicht blühen, in ein ungeheiztes

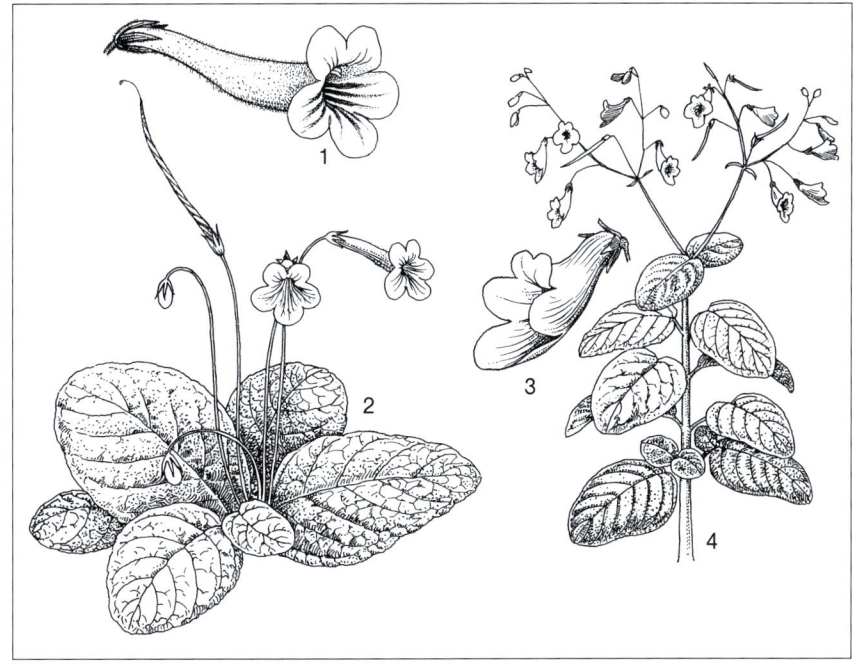

1 und 2 = *Streptocarpus rexii,*
3 und 4 = *S. kirkii.*

85

Zimmer stellen kann. Allerdings sollte auch dort die Temperatur nicht unter 15 ° C sinken, und die Hybriden sollten ebenso hell stehen wie im Sommer. Vor direkter Sonne sind sie zu schützen, denn diese kann zu Verbrennungen auf den Blättern führen, besonders bei den Blattstecklingen! Das Gießen richtet sich nach der Temperatur, bei kühlem Stand wird entsprechend weniger Wasser gegeben und auch nicht mehr gedüngt. Ansonsten entspricht die Kultur der von Saintpaulien: mäßig feuchtes Substrat, das aus der üblichen Zimmerpflanzenerde besteht, allerdings eine etwas häufigere Düngung in ein- bis zweiwöchentlichem Abstand.

Oft findet man *Streptocarpus* auch im Samenregal der Gartencenter. Die Samenkörner sind so staubfein, daß sie zum einen sehr dünn ausgesät werden müssen und zum anderen nicht mit Erde abgedeckt werden dürfen. Man sät im zeitigen Frühjahr in eine flache Schale, die mit Frischhaltefolie überspannt wird, um das Substrat vor dem Austrocknen zu schützen. Ebensowichtig ist ein heller, aber

schattierter Standort. Sobald die Keimlinge sichtbar sind, sollte kein Kondenswasser auf sie herabtropfen; die Erde wird also nur mäßig feucht gehalten und die Folie baldmöglichst entfernt. Die Sämlinge werden zweimal pikiert, was angesichts ihrer Winzigkeit gar nicht so einfach ist. Zuletzt kommen sie in 9- oder 11-cm-Töpfe, wo sie bald zu blühen beginnen. Die Anzuchtbetriebe säen zweimal im Jahr aus, Ende Januar für die Juli- bis Septemberblüte und Ende Juni für die April- bis Juniblüte.

Dem Hobbygärtner eröffnet sich daneben die Möglichkeit der Stecklingsvermehrung. Bei kaum einer anderen Gesnerie ist sie so vielfältig wie bei *Streptocarpus*. Denn gleichgültig, wie auch immer man das Blatt in die Erde steckt oder auf diese legt, es wird mit großer Wahrscheinlichkeit Jungpflanzen hervorbringen. Nehmen wir also an, Sie wollen das Blatt, wie von Usambaraveilchen gewohnt, senkrecht in die Erde stecken, so können Sie es ruhig mehrmals quer zerteilen: Die beiden Enden, mit dem Stiel beziehungsweise der Blattspitze, wird man nicht einpflanzen, aber alle Zwischenstücke. Will man das Laubblatt lieber waagrecht in die Erde setzen, so muß man die zwei Laubhälften von der Mittelrippe abschneiden (die Hauptader also nicht halbieren!). Entlang des zu einem Drittel in der Erde stekkenden Blattes werden eine ganze Reihe von Pflänzchen erscheinen.

Es gibt aber auch noch eine weitere Möglichkeit, ein Blatt zum Austreiben zu bringen, Begonienfreunden ist sie sicher geläufig: Man legt das Blatt, dessen Mittelrippe man an mehreren Stellen durchgeschnitten hat, flach auf ein feuchtes Sand-Torf-Gemisch. Mit Kieselsteinen kann man das Blatt beschweren, dies muß aber nicht sein. Frischhaltefolie oder eine Glasplatte sorgen für ausreichende Luftfeuchtigkeit. Zum Anwurzeln ist bei allen Arten von Blattstecklingen nicht so sehr die Luft-, sondern die Bodentemperatur von Interesse, mindestens 20 °C sind ideal. An den Schnittstellen erscheinen stets mehrere Pflanzen, die voneinander ge-

Blattstecklinge von *Streptocarpus* kann man senkrecht oder waagrecht in die Erde stecken oder auch nur auf diese legen, wenn man die Mittelrippe einschneidet.

Literatur

Zimmerpflanzen und Gesnerien allgemein

Encke, F.: Kalt- und Warmhauspflanzen. Verlag Eugen Ulmer, Stuttgart 1987.

Encke, F. (Hrsg.): Pareys Blumengärtnerei. Verlag Paul Parey, Berlin und Hamburg 1961.

Encke, F.: Zimmerpflanzen. Verlag Eugen Ulmer, Stuttgart 1982.

Maurus, W.: The Gesneriad Family. 1988 vom Autor herausgegeben.

Moore, H. E.: African Violets, Gloxinias and their Relatives. The Macmillan Company, New York 1957.

Rücker, K.: Handbuch Pflanzen zu Hause. Weltbild Verlag, Augsburg 1990.

Wall, B.: African Violets and Related Plants. Cassell, London 1990.

Saintpaulia

Arthurs, K. L.: How to grow African Violets. Lane Publishing Co., Menlo Park 1988, 7. Auflage.

Clements, T.: African Violets. David & Charles, Newton Abbott und London 1988.

Free, M.: All about African Violets. The American Garden Guild, New York 1951.

Milsted, M. F.: Growing African Violets in the Home. Collingridge Ltd., London 1958.

van Pelt-Wilson, H. (Hrsg.): African Violet and Gesneriad Questions. D. Van Nostrad Company, Princeton 1966.

van Pelt-Wilson, H.: The African Violet. M. Barrows Publishers, New York 1948.

Rector, C. K.: How to Grow African Violets. Blandford Press, London 1961.

Robey, M. J.: African Violets — Queens of the Indoor Gardening Kingdom. A. S. Barnes, San Diego und New York 1980.

Robey, M. J.: African Violets — Gifts from Nature. Cornwall Books, New York und London 1988.

Achimenes

Townsend, K. J.: Achimenes, in »The Plantsman« 1983/84, Heft 4, 193 ff.

Episcia

Maurus, W.: Episcias — A Fancier's Primer. 1990 vom Autor herausgegeben.

Sinningia

Fogg, H. G. W.: Begonias, Gloxinias and African Violets. John Gifford Ltd., London 1968.

Streptocarpus

Hilliard, O. M. und Burtt, B. L.: Streptocarpus. University of Natal Press, Pietermaritzburg 1971.

Bezugsqu llen und Liebhaber-Gesellsch ften

In Deutschland könr wir Ihnen leider keine speziellen Ver dgärtnereien für Gesnerien nennen. chten Sie bitte auch, daß sich die na lgend aufgeführten ausländischen A sen mitunter ändern. Sie können sic i speziellen Rückfragen auch über de rlag an uns wenden.

England
»The Saintpaulia an useplant Society«, Mrs. F. B. F. Du gham, 33 Church Road,
Newbury Park, Ilfc Essex IG2 7ET

Eileen & Sarah Bla Gallowhill House, Larch Aven
Lenzie, Glasgow C 4HX *(Saintpaulia)*

J. A. Bucknall, 52 ison Lane,
Felixstowe, Suffoll 1 7RP
(Saintpaulia)

Dibley's Efenecht lurseries,
Llanelidan, Ruthir
North Wales LL1! G
(Streptocarpus un dere Gesnerien)

Stanley Mossop, nhil, Egremont,
Cumbria CA22 2
(Achimenes und re Gesnerien)

K. J. Townsend, 1 lerie Close,
St. Albans AL1 5 *Achimenes)*

Kanada
»Société des Sair lia de Montréal«,
Botanical Garde Montreal,
4101 Sherbrook st Montreal,
Quebec H1X 2F

Les Violettes Na , 124 Ch. Grapes,
Sawyerville, Qu JOB 3A0
(Saintpaulia, Ge ien in großer Auswahl)

U.S.A.
»African Violet Society of America«,
P.O. Box 3609,
Beaumont, TX 77704

»Saintpaulia International«, 1650 Cherry Hill Road South,
State College, PA 16803

»American Gloxinia & Gesneriad Society«, Jimmy Dates, Dept. AV, c/o Horticulture Society of NY, 128 W. 58th Street,
New York, NY 10019

»Gesneriad Society International«,
11510 124th Terrace N., Largo,
FL 34648

»Gesneriad Hybridizers Association«,
Zelda Mines, 2206 East 66th Street,
Brooklyn, NY 11234

In den Mitteilungsheften der oben genannten Gesellschaften finden Sie eine Unmenge von Anbietern. In Auswahl seien genannt:

Jeani Hatfield, 1571 Wise Road,
Lincoln, CA 95648 *(Saintpaulia)*

Albert G. Krieger, 1063 Cranbrook Drive, Jackson, MI 49201
(Saintpaulia, Streptocarpus)

JoAnne Martinez, 809 Taray de Avila,
Tampa, FL 33613
(Saintpaulia, auch Species, verschiedene Gesnerien)

David und Colleen Turley, P.O.
Box 8417, Fredericksburg, VA 22404
(große Auswahl an Gesnerien)

Weiss' Generiads, 2293 S. Taylor Road,
Cleveland Hts., OH 44118
(Gesnerien)

Da im Text eine Reihe von Züchtern und Vermehrungsbetrieben genannt sind, folgen hier deren Anschriften. Sie sind jedoch nur zur Infomation für Wiederverkäufer gedacht. Sammler können allenfalls ihren Lieferanten bitten, gewünschte Pflanzen in ihr Sortiment aufzunehmen.

Saintpaulien

Ulrich Englert, Postfach 1127
W-7143 Vaihingen-Horrheim

Arnold Fischer, Kahlendamm 22,
W-3000 Hannover 51

Royal Eveleens, Postfach 35,
NL-1430 AA Aalsmeer

Herrmann Holtkamp KG, Blumenstraße 28,
W-4242 Rees-Haffen

Ulrich Lampe, Lange Straße 29
W-4905 Spenge

F. J. Müller, Aschaffenburger Weg,
W-6113 Babenhausen 5

Sinningien

Benary Samenzucht, Postfach 11 27,
W-3510 Hannoversch Münden

Erfurter Samenzucht, Weigelt & Co.,
W-6229 Walluf

Hans Meisert, Postfach 51 05 80,
W-3000 Hannover 51

Konrad Michelssen,
W-3167 Burgdorf-Hannover

Julius Wagner GmbH, Eppelheimer Straße 18-20,
W-6900 Heidelberg 1

Zwaan & Co. Samenzucht GmbH,
Postfach 21 80,
W-4190 Kleve

Bildquellen

Apel, J., Elmshorn: Seite 2, 7, 75.

Erfurter Samenzucht KG, Walluf: Seite 78 (oben).

Erhardt, W., Neudrossenfeld: Seite 20, 27, 32 (oben), 37, 43 (2), 44, 45, 80 (oben), Titelbild.

Fischer, A., Gartenbau, Hannover: Seite 24, 25.

Fleischle, Gartenbau GbR, Vaihingen/ Ensingen: Seite 88, 89 (2).

Morell, E., Dreieich: Seite 54 (oben rechts und unten), 68, 70, 82.

Neidiger, H., Nürnberg: Seite 38.

Reinhard, H., Heiligkreuzsteinach: Seite 8, 11, 18, 39, 40 (3), 41, 77.

Seidl, S., München: Seite 10, 15 (2), 16 (links unten), 17, 42, 54 (oben links), 60, 64 (links unten), 66 (links), 74 (unten), 80 (unten), 84.

Smit, D., NL-Haarlem: Seite 6, 47, 50, 51, 53, 57, 58, 59, 62, 63 (2), 65 (rechts oben), 66 (rechts), 69, 71 (2), 72, 76, 85, 87, Umschlag-Rückseite.

Zwaan & Co., Samenzucht, Kleve: Seite 78 (Mitte und unten).

Register

Die lateinischen Gattungsnamen sind kursiv gedruckt, die ungültigen Namen steil. Die Seitenzahlen der entsprechenden Kapitel sind fett gedruckt. Abbildungen sind mit * gekennzeichnet.

Wenn Ihnen der Sinn nach mehr steht . . .

Schöne Orchideen. Anfängern und erfahrenen Orchideenhaltern werden all jene Orchideenarten beschrieben, die in den klimatischen Verhältnissen auf der Fensterbank besonders gut gedeiht. Von Alfons Bürger. 96 Seiten, 55 Farbfotos, 11 Zeichnungen. ISBN 3-8001-6428-0

Schöne Kakteen. Zwei erfahrene Kakteenkenner stellen hier eine Auswahl der schönsten und besten Kakteen für das Zimmer vor. Genaue Anweisungen zur Pflege. Von Gerhard Gröner, Erich Götz. 96 Seiten, 65 Farbfotos, 10 Zeichnungen. ISBN 3-8001-6430-2

Kalt- und Warmhauspflanzen. Arten, Herkunft, Pflege und Vermehrung. Ein Handbuch für Liebhaber und Fachleute. Das Standardwerk für Pflanzenfreunde und Gärtner vom Begründer der gärtnerisch-botanischen Handbücher! Von Fritz Encke. 565 Seiten, 438 Farbfotos, 166 sw-Fotos. ISBN 3-8001-6191-5

Beliebte Blattpflanzen. Geordnet nach Pflanzenfamilien beschreibt das Buch gängige und rare Gattungen. Sorgfältig zusammengestellte Pflanzenlisten nennen geeignete Pflanzen für besondere oder auch heikle Standorte. Von Friedrich Nolte. 128 Seiten, 82 Farbfotos, 11 Zeichnungen. ISBN 3-8001-6296-2

Bromelien. Tillandsien und andere kulturwürdige Bromelien. Aus dem Inhalt: Heimat der Bromelien, Lebensweise, Samenvermehrung und Weiterkultur, Krankheiten, Bromelien und Artenschutz. Von Prof. Dr. Werner Rauh. 458 Seiten, 168 Farbfotos, 386 sw-Fotos, 88 Zeichnungen. ISBN 3-8001-6371-3

Verlag Eugen Ulmer, Stuttgart